어머니의 강

어머니의 강
—한국 현대사를 휘돌아 온 독립운동가 딸의 95년

첫판 1쇄 펴낸날 2011년 11월 15일
첫판 2쇄 펴낸날 2012년 3월 12일

지은이 | 우원식
펴낸이 | 박성규

펴낸곳 | 도서출판 아침이슬
등록 | 1999년 1월 9일(제10-1699호)
주소 | 서울 은평구 신사동 25-6(122-080)
전화 | 02) 332-6106
팩스 | 02) 322-1740
이메일 | 21cmdew@hanmail.net

ISBN 978-6429-118-4 03990

한국 현대사를 휘돌아 온 독립운동가 딸의 95년

우원식 지음

아침이슬

존경과 사랑으로
어머니 김례정 여사께 이 책을 바칩니다.

김례정 여사와
통일의 그날을 함께할 수 있기를 기원합니다

한명숙(전 국무총리)

지난 2010년 10월에 있었던 제18차 남북 이산가족 상봉에서 94세라는 최고령의 나이로 북한에 두고 온 딸을 만나 기쁨과 슬픔의 눈물을 흘리던 김례정 여사의 모습이 지금도 잊혀지지 않습니다.

몇 해만 지나면 백수(白壽)를 맞이하시는 김례정 여사의 100년에 가까운 삶은 우리 민족의 지난 100년 역사를 고스란히 담고 있다 해도 과언이 아닐 것입니다.

김례정 여사는 일제강점기, 6·25전쟁, 군부독재를 직접 경험하셨습니다. 일제강점기에는 독립운동가이셨던 아버지 김한 선생님의 투옥이라는 고통을, 6·25 전쟁 당시에는 자식들과 헤어지는 이산(離散)의 슬픔을, 군부독재 시절에는 민주화운동에 투신한 막내아들 우원식

전 의원이 투옥되는 아픔을 경험하셨습니다.

김례정 여사의 이번 자서전을 통해 지난 100년간의 우리 역사와 역사의 큰 흐름 속에서 우리 국민 개개인이 감내해야 했던 고통과 슬픔 그리고 아픔을 돌아보는 계기가 될 수 있기를 바랍니다.

동족상잔의 비극으로 한반도가 남과 북으로 나뉜 지가 벌써 반세기를 훌쩍 넘어섰습니다. 한반도의 분단은 우리 민족 최대의 비극이고 우리나라의 발전에 근본적인 장애가 되고 있다는 것에 모두가 동의할 것이라고 생각합니다.

김례정 여사를 포함하여 그 수를 헤아리기도 어려울 정도로 많은 분들이 이산의 아픔을 겪고 있습니다. 분단의 세월이 반세기를 넘어서면서 북에 두고 온 부모를, 자식을 끝내 다시 만나지 못하고 그 한(恨)을 가슴에 오롯이 새긴 채 세상을 등지는 분들이 너무나 많습니다. 저 또한 고향이 이북입니다. 다른 이산가족에 비해서는 이산의 고통이 크지 않지만 그런 까닭에 이산가족의 아픔과 슬픔이 좀 더 크게 와 닿습니다.

또한 저는 한반도 전체뿐만이 아니라, 우리나라 내부에서도 국론이 극단적으로 갈리고 알게 모르게 서로에 대한 극단의 미움이 가슴 저 한가운데 자리 잡고 있는 것이 근본적으로는 분단 과정에서 서로가 서로에게 주고받았던 상처 때문일 수 있다고 생각합니다.

국민의 정부와 참여정부 10년간 남북관계는 획기적으로 개선되었습니다. 2차례 남북정상회담이 개최되었고 금강산 관광이 시작되었으며 개성공단이 조성되었습니다. 저는 민주정부 10년 동안 통일이 점점 더 가까워지고 있다고 믿었습니다. 하지만 지금 우리에게 통일은 다시 저만큼 먼 이야기가 되어 버린 듯합니다.

대한민국의 발전과 우리 국민들의 화해와 행복을 위해 통일은 필수적인 과제입니다. 남북간 화해·협력이 다시 강화되어 통일의 그날로 다시 나아가기를 간절히 바랍니다. 너무 늦지 않게 통일을 이루어 김례정 여사와 통일의 기쁨을 함께할 수 있기를 기원합니다.

책의 저자인 우원식 전 의원은 저와 함께 17대 국회에서 국회의원으로 함께 의정활동을 했던 좋은 정치인입니다. 우원식 전 의원이 앞으로도 외할아버지이신 독립운동가 김한 선생님께 물려받았을 '나라를 사랑하는 마음'을 바탕으로 통일을 이루는 데도 기여하고 의미 있는 많은 활동을 통해 어머니 김례정 여사께 큰 기쁨을 선사하게 되기를 기대합니다.

이 책 가운데 우원식 전 의원의 이산가족 상봉 중 작별상봉을 마치고 쓴 글의 마지막 부분은 참으로 나의 가슴도 저미게 하는 글입니다.

"……단지 이 나라의 정치가, 냉전시대의 잘못된 정치가 우리의 국토와 국민을 희생시킨 게 아닌가! 나라를 강하게 만드는 게 얼마나 중요한지, 정치가 잘못되고, 정치가 국민들을 제대로 보호하지 못할 때 국민들이 얼마나 고통을 받게 되는지 한눈에, 한숨에 드러나는 이 현장…… 똑똑히 기억해야겠다, 가슴속에 깊이 새겨야겠다…….

상황을 이렇게 만든 그 시대의 위정자들…… 60년이 지나도록 이 고통을 이 정도로밖에 관리하지 못하는, 나를 포함한 이 시대의 위정자들 역시…….

지구상에서 마지막 남은 분단국가의 멍에를 해결 못한 책임을 져야 할 현 시대 정치인의 한 사람으로서 정말 부끄러워 고개를 들 수 없었습니다."

정말 저도 이 시대 정치인의 한 사람으로 국민의 이 큰 고통을 아직 해결하지 못함을 크게 부끄러워하며, 김례정 여사와 같은 많은 분들의 고통 앞에 마음을 다해야겠다고 생각해 봅니다.

우리 할 일을 극명하게 말해 주는
그 사진 한 장!

박원순(서울시장)

우원식 의원에 대해 내가 갖고 있는 인상은 '참 좋은 사람'이다.

언제부터 이런 생각을 갖게 되었는지는 잘 기억이 나지 않는다. 오래전에 정치권에 몸담은 우원식 의원과 함께 일한 적은 없지만, 내 주변의 많은 시민활동가들의 말을 통해 오랜 기간 참 많이 접했었다. 그래서 낯설지 않고 늘 익숙한 분이다.

내 주변의 많은 시민활동가들의 공통점 중의 하나가 정치권 사람들에 대해 평가가 참 박하다는 점인데, 유독 우 의원에 대해서는 후한 점수를 주었고 그런 과정에서 자연히 그에 대한 인상이 심어지게 된 것 같다.

나에게 우원식 의원에 대한 생각이 또렷해진 건 그가 17대 국회의원을 하면서이다. 강남·북의 불균형을 해소하기 위한 '세목교환·공동과세법', 장애인들의 고용을 확대하기 위한 '장애인 고용촉진 및 직업재활법' 그리고 '사회적기업법' 등을 발의하고 통과시키는 과정에서 보여 주었던 모습은 그에 대한 인상이 깊게 남도록 했다.

환경과 노동부문에서 그가 보여 주었던 모습은 시민활동가 그 자체였으며 우리들 사이에 참으로 동지적 연대감 같은 것이 넓게 생기게되었다. 특히 이번 서울시장 선거 과정에서 보여 준 헌신적인 모습에참 고마움을 느낀다.

작년 10월 말 금강산에 있었던 이산가족 상봉장에 최고령 할머니로소개된 어머니를 모시고 북한의 누님을 만나던 모습은 국민 모두의 마음을 울리기에 충분했다.

그런 감동적인 모습이 이 책을 만들어 낸 거 같다.

'어머니의 강!'

추천사를 부탁 받고 글을 쓰기 위해 틈틈이 짬을 내 글을 읽어 가면서 책에서 눈을 떼기가 힘들었다. 우원식 의원의 어머니인 김례정 여사의 95년간의 삶이 한 편의 드라마보다 더 짙은 감동적 삶이었고 질곡과 고통의 우리 현대사를 그대로 옮겨 놓은 삶이었다.

이 책에는 눈물 없이는 볼 수 없는 고통과 역경의 과정도 있었고 앙다문 입으로 견디어 가는 인내의 시기도 있고, 지혜롭게 어려움을 헤쳐 나가는 과정도 있었다. 그리고 마침내 기쁨과 환희로 인생을 마무리하는 어머니의 모습도 그려져 있다.

아버지인 김한 선생의 일제하의 투쟁과 역경, 6·25전쟁 시기 전쟁에 휘말려서 받는 고통과, 분단으로 인해 두 딸을 잃어버린 애절한 사연, 느지막이 막내아들인 우 의원의 민주화 투쟁과 투옥으로 인한 고통……이런 과정이 김례정 여사에게 있었다. 또한 가정의 위기마다 생활전선에 뛰어들어 문제를 해결하기도 하고 결국 김한 선생이 독립유공자 훈장을 받고 막내아들은 국회의원이 되고……하늘의 별 따기라는 이산가족 상봉을 통해 북한의 딸까지 만나게 되었으니…….

이 책은 김례정 여사의 잘 짜인 해피엔딩의 스토리이기도 하다.

그래도 내 마음속 깊이 각인된 사진 한 장이 있다.
1부 어머니의 목숨을 건 금강산 상봉길 맨 마지막 장에 있는 김례정 여사의 사진…….
"주무시는 게 아니다. 작별상봉까지 마치고 숙소로 돌아가는 버스 안에서 두 손을 맞잡고 눈을 지그시 감은 채 표정 없이 앉아 계신 어머니……. 어머니 가슴속에 95년 세월의 강이 어떻게 휘돌아 갈까."라고 사진 설명이 붙어 있는 그 사진이 마음에서 영 떠나지 않는다.

마지막 작별상봉을 할 때 또다시 생이별의 고통으로 최고령 할머니의 건강 상태가 몹시 나빠졌었다. 극도의 흥분으로 심장의 박동이 빨라져 거의 혼절 상태까지 갔었는데 의료진의 권유에도 불구하고 딸과 있는 자리에서 떠나지 않고 끝까지 딸과 함께 계셨다고 한다.
가족의 생이별은 뼈를 깎는 고통이라는데 94세의 노인에게 또다시 딸과 헤어져야 한다는 것이 얼마나 큰 고통이었을까?

김례정 여사의 그 무념무상의 지경에 있는 듯한 그 무표정의 사진
에는 우리가 해야 할 일이 어떤 것인가를 극명하게 말해 주는 거 같다.
　그 길에 나는 우원식 의원과 함께 있을 것이다.

"어머니, 수고 많으셨습니다. 그리고 감사합니다.
　특히 백수 넘게 만수무강 하십시오!"

한 세기를 온 몸으로 체현한 일생

김 근(전 한겨레신문 논설주간 · 연합뉴스 사장)

　　우원식 의원의 어머님이신 김례정 여사의 자서전을 읽으면서 우리 현대사를 그대로 체험하는 듯한 느낌을 받았다. 김례정 여사의 일생만큼 한국 현대사의 중심적 사건과 깊이 연관을 맺은 경우도 흔치 않을 것이다.

　　김 여사는 일본 제국주의가 강점한 식민지의 나라에서 태어나, 아버지이신 김한 선생이 주도하는 독립투쟁의 가정 분위기 속에서 자랐다. 일제 치하에서 아버지의 투옥과 망명 그리고 아버지와의 이별, 그 뒤로 김 여사를 포함한 가족들은 힘들고 어려운 생활을 이어 갔다. 결혼 뒤에는 잠깐 동안 평범한 주부의 인생을 살았으나, 6 · 25 전쟁으로 어린 두 딸과 떨어져 이산가족이 되었고, 피난 과정에서 막내딸을 교통사고로 잃었다. 차마 겪지 못할 엄청난 고통과 시련의 나날이었을 것이다. 휴전 이후에는 그 시절 누구나 그러했듯이, 김 여사 또한 생활전선에 팔 걷어 부치고 나서 할 수 있는 모든 일을 하면서 가계를 버티고 자식들을 기르고 가르쳤다.

웬만큼 자식들 교육도 끝나 가고 생활도 안정이 되면서 노년을 별 걱정 없이 보낼까 싶었는데, 이번에는 막내아들인 우원식 의원의 반독재 민주화 투쟁으로 유신과 5·6공의 군사독재 시대를 살얼음을 딛는 듯한 아슬아슬한 마음으로 살았다. 그러나 마침내 막내아들이 감옥에 갇히면서 감옥으로 아들 면회를 다니는 아픈 생활을 또다시 할 수 밖에 없었다. 아버지가 감옥에 가고 아들이 또한 감옥에 가는 것을 경험하는 인생이 어디 그리 흔할 것인가.

최근에 가장 기쁜 일이 있다면 북에 그대로 두었던 두 딸의 소식을 들은 일이고, 그중 딸 한 명을 남북 이산가족 재회 마당에서 만난 일일 것이다. 꿈에도 그리던 딸을 두 팔로 다시 안아 보았으니 그 기쁨이야 말로 다 할 수 없을 것이지만, 남북 가족상봉의 비합리적인 규정에 묶여 나머지 한 딸을 만나지 못했다. 어서 빨리 남북화해가 진전되어 김 여사가 만나지 못한 딸을 마저 만날 수 있게 되기를 빌어 본다.

김례정 여사의 아버님이고 우원식 의원의 외조부인 김한 선생은 3·1 독립만세 운동 직후인 1920년대 진보운동의 중심인물이었고, 자연스럽게 독립운동의 핵심인물 가운데 한 사람이었다. 3·1운동 직후에는 국내외에서 독립운동의 열기가 높아 갔고, 중국 상해에서는 임시 정부가 수립되었다. 만주와 노령에서는 무장독립 투쟁 단체가 속속 들어섰고, 국내에서는 3·1운동의 열기에 놀란 일본 식민당국이 유화정책을 쓰기 시작했다. 이런 분위기에 힘입어 조선인이 운영하는 신문과

잡지가 발행되면서 온갖 이념과 사회운동 등이 소개되어 젊은이들을 사로잡았다. 이때에 국내에 있던 김한 선생은 진취적인 젊은이답게 진보운동과 독립운동에 투신했던 것이다. 당시에는 식민치하에 있었으므로 모든 이념은, 예컨대 자유주의, 민주주의, 사회주의 등은 '조국의 독립'이라는 대명제에 복속되었다. 요즈음 방식으로 말하면 좌파나 우파가 모두 민족주의 이념 앞에 무릎 꿇었던 것이다.

그러나 식민당국이 진보운동을 수단으로 독립을 쟁취하려는 열혈 젊은이를 그대로 둘 턱이 없었다. 김한 선생은 투옥되었고, 감옥에서 나오자 노령 지역으로 망명했다. 김한 선생은 노령에서도 운동을 계속했다. 마침내 스탈린 당국이 조선 동포들을 중앙아시아로 강제 이주시킬 때 그곳 동포들을 대표해 반대운동을 벌이다가 체포되어 그 뒤에 처형당했다고 전해진다. 김례정 여사는 아버님이 노령으로 망명하면서 헤어져 오늘에 이르렀다. 아버지 없는 생활이 어렵고 고통에 찬 것이었으나, 아버지가 남긴 정의로운 정신은 평생에 걸쳐 가슴 속에 깊이 남아 삶의 지주가 되었다. 어머니가 되어 자식들을, 아버지로부터 물려받은 도덕과 정의의 정신으로 길렀을 테니, 김례정 여사의 자녀들은 어머니의 그 정신으로 성장했을 것이다.

어머님의 자서전을 대신 쓴 우원식 의원은 성실한 사람이다. 나는 이번에 이 자서전을 읽으면서 부러움을 느꼈는데, 나의 어머님도 90을 넘어 사셨지만, 어머니의 삶을 기록하고 싶은 마음만 있었을 뿐 실천하지 못했다. 그만큼 우원식 의원은, 생각한 일이 필요하고 옳은 일이라고 생각하면, 곧바로 실행에 옮기는 추진력이 강한 인물이다. 특히 그것이 공적이고 사회적인 일이라면 그의 추진력은 아무도 따르지 못한다. 나는 우연히 4년 전 총선 당시 민주당의 공천심사 위원을 지낸 일이 있는데, 그때 민주당 소속 전체 국회의원들의 평점을 받아 보았다. 당시에 우원식 의원은 30여 명에 이르는 서울 출신 민주당 소속 국회의원들 가운데 가장 높은 평점을 받아 1등을 했었다. 그 평가는 법률안 제출, 상임위 활동, 본회의와 상임위 출석률, 지역 유권자들의 지지도, 그 밖의 여러 원내외 활동 등을 모두 모은 것이었는데, 서울에서 1등이라면 전국적으로도 민주당 의원들 가운데 가장 앞선 것이라고 보아도 무리가 없을 것이다. 나는 그 결과를 보면서 역시 우 의원이 자질이 우수하기도 하지만 노력도 많이 하는 정치인이라는 것을 알 수 있었다.

우 의원과 그의 어머님의 일생과 그 가계를 아울러 살펴보고 싶은데, 그것은 우 의원이 한국인들의 삶의 내용을 좌우하는 정치권에 몸담고 있기 때문이다. 지금 한국에서는 식민당국에 앞장서 협조한 친일파들과 그 자손들이 사회 각계각층을 지배하고 있다. 아마 독립된 나라에서 한국처럼 조국을 배신한 가족이 대대로 떵떵거리며 활개 치는 곳은 드물 것이다. 이처럼 한국은 역사가 거꾸로 뒤집혀 흐르고 있다. 그런데 이제껏 보았듯이 우원식 의원의 가계야말로 본받을 만한 가장 모범적인 가계에 속한다. 이런 가정환경에서 자란 탓인지 우 의원의 정치관과 사회·경제관은 도덕적이고 진보적이다. 민족적으로는 남북화해를 지지하고, 경제적으로는 양극화를 지양하기 위해 노력하며, 환경문제에서는 이미 전문가의 반열에 올라 있다. 그런가 하면 사회적으로는 지역주의를 단호히 반대한다. 지난해에 오마이뉴스에 글을 써서 이명박 정부의 영남 지역패권주의를 비판하고 호남 차별을 시정하기 위해 앞으로 싸우겠다고 다짐했다. 본인은 호남 출신이 아닌데 그런 다짐을 공개적으로 하는 글을 읽으면서 나는 크게 감명 받았다. 우 의원이 이런 정치적 태도를 갖는 것을 보면서 역시 외조부 김한 선생의 영향과 그의 어머님 김례정 여사의 가르침 덕택이라고 생각했다.

앞으로 바라건대 김례정 여사가 더욱 건강히 오래 사셔서 북한에 있는 딸들을 다시 한 번 더 만날 수 있기를 바란다. 우원식 의원 또한 자신의 정치적 뜻을 더욱 널리 펼 수 있도록 더욱 노력하여 큰 정치인으로 성장하기를 기원한다.

2부 100년 세월, 어머니의 강
—김례정 여사 자서전

이야기를 시작하며

 설 연휴 시작 전날인 2011년 2월 1일, 하계동 집을 출발해 어머니가 계시는 일산 천식이 형 집으로 향하는 길. 마음이 설렌다. 오랫동안 마음속에만 담아 두고 있었던 일을 이제야 하게 된다는 설렘 때문이다.

 내가 어머니 김례정 여사의 삶과 그 궤적에 대해 관심을 갖기 시작한 것은 1981년 학내 시위 사건으로 투옥되어 있을 때부터였다.
 사실 그 전까지 어머니에 대해 내가 갖고 있던 생각은 '어머니는 참 좋은 분이고 예쁘시긴 한데 왜 다른 어머니보다 나이가 많으실까?' 하는 생각 정도였다. 나는 아홉 남매 중 막내인데다 어머니가 마흔하나 되던 해 늦둥이로 나를 낳으셨으니, 초등학교 시절 학예회 때마다 비교되는 다른 친구들 어머니와의 나이 차이에 좀 창피하기도 했다. 내가 초등학교 들어갈 때 이미 50에 가까운 어머니였으니 어린 나이에는 그럴 법도 했다지만 지금 생각하면 참으로 죄송스러운 일이다.

내가 전두환 반대 학내 시위 사건으로 서울구치소에 투옥되었을 때, 면회 오신 아버지는 헛기침을 하면서 말을 잇지 못하였고 어머니는 몸은 괜찮느냐며 계속 눈물을 닦으셨다.

당시 나는 구속을 각오하고 시위를 하다 감옥에 들어왔기 때문에 큰 동요는 없었지만, 그래도 처음 접해 보는 험악한 환경이라 마음속으로는 크게 긴장하고 있었다. 그러나 부모님을 안심시키기 위해 겉으로는 짐짓 태연한 척했다. 그래서 어머니의 눈물이 그저 막내아들이 감옥이라는 곳에 갇히게 된 것에 대한 안타까움인 줄로만 생각했다.

그리고 일주일 정도 후, 막내 조카인 나를 유난히 귀여워해 주시던 원정 이모님이 면회를 왔다. 원정 이모님은 어머니보다 여섯 살 위라 내 기억의 시작부터 할머니의 모습이었고, 아주 작은 체구에 몹시 고생을 한 흔적이 역력했다. 평소에 말이 많지 않고 얌전하셨지만 간간이 말씀하실 때면 깊이 있는 학식과 위엄이 드러나는 분이었다.

그 원정 이모가 투옥되어 있던 나에게 처음 건넨 말씀이 "원식아! 잘했다. 자랑스럽다!"였다.

이유야 어찌되었든 집안에 큰 걱정을 안겨 드린 나로서는 우선 이모님의 말씀에 적잖이 위로가 되기도 했지만, 곧 왜 이런 예사롭지 않은 말씀을 하실까 궁금해졌다.

의문은 바로 풀렸다.

그날 면회 자리에서 이모님은 그동안 전혀 몰랐던 당신의 아버지이자 나의 외할아버지, 독립운동가 김한 선생의 이야기를 해 주었다.

이모님은 독립운동가의 딸로서 1920년대 말에 이화보육전문학교를 나온 엘리트였으며, 당신의 아버지를 도와 독립운동에도 가담했다. 이모님의 마음속에는 그런 일들이 큰 자부심으로 남아 있었다.

감옥에서 처음 듣게 된 이 이야기는 나에게 몹시 큰 충격이었다. 나의 출신 근거에 대해 가슴 벅찬 자부심을 느끼게 되었으면서도 한편으로는 역시 독립운동가의 딸인 어머니에게 크게 죄송한 마음이 생기기 시작했다.

어려서 아버지가 독립운동을 하다가 투옥되는 모습을 지켜본 데 이어 나이 들어서는 사랑하는 아들까지 학내 시위로 투옥되는 걸 보아야 하는 어머니는 얼마나 고통이 크셨을까? 나는 감옥에서 그때까지 생각하지 못했던 어머니의 일생을 그려 보게 되었다.

큰딸인 원정 이모님께 커다란 자부심으로 남아 있을 만큼 치열한 독립운동가였던 아버지를 모시면서 겪었을 어린 시절 어머니의 고통, 한국전쟁 과정에서 남편의 고향인 황해도 연백 땅에 두 딸 정혜와 덕혜를 남겨 두어야만 했던 쓰라린 순간, 그리고 피난길에 차에 치인 어린 딸 승혜가 탈장으로 죽어 가는 모습을 지켜만 봐야 했던 고통스러운 모정, 게다가 인생의 황혼녘에 이르러서는 민주화운동을 한다고 전두환 반대 시위를 주동하다 감옥에 갇힌 막내아들 면회를 다녀야 하는 어머니……

생각이 여기까지 이르니 일제 치하에서 태어나 한국전쟁을 거쳐 오늘날에 이르기까지 우리 역사 굽이굽이마다 서린 수많은 위기에 맞서 살아왔을 어머니의 한 서린 인생에 대해 궁금증이 생기는 것은 당연한 일이었다.

그러나 세월이 흐르면서 어머니의 생애에 대한 관심은 옅어져 갔다.

물론 그간 내게 많은 일이 있었던 탓도 있다. 결혼하고 아이를 낳고 기르면서, 또 노동운동, 재야활동, 평민당 입당과 정치활동, 시의원 낙선과 당선, 국회의원 당선과 낙선 등의 굴곡을 거쳐 오면서 나의 삶이 분주하다는 핑계로 어머니를 살필 겨를이 없었다. 부족한 글솜씨나마 어머니의 일생을 꼼꼼히 정리해 보리라는 생각은 늘 마음속을 맴돌고 있었을 뿐 오랫동안 실행에 옮길 수 없었다.

그러다가 2010년 10월, 전혀 생각지도, 기대하지도 못한 일이 느닷없이 벌어졌다. 지난 60년 동안 만나기는커녕 생사조차 알 길 없던 북한의 정혜 누님이 이산가족 상봉을 위해 우리를 찾는다는 소식이었다. 큰누님이 살아 있다는 것만으로도 기쁘고 고마운 일인데, 그 누님이 살아서 가족을 찾고 있다는 소식은 우리 집안을 뒤흔들어 놓기에 충분했다.

실제로 이산가족 찾기를 시작한 80년대부터 남북 이산가족 상봉 이야기가 나올 때마다 우리는 '혹시나' 하는 기대를 갖고 있었으나 그 기대는 번번이 '역시나' 하는 실망으로 돌아왔다.

이산가족 상봉이 꽤 활성화되었던 '국민의 정부', '참여정부'에서도 우리 가족의 상봉은 이루어지지 못했다. 더욱이 '이명박 정부'가 들어서면서부터는 남북 간의 관계가 말할 수 없을 만큼 나빠지고 말았으니, 이제 구순을 훌쩍 넘긴 어머니가 누님을 만나는 일은 기대할 수 없으리라 여긴 것이다.

그렇게 거의 포기하고 있던 때 들려온 누님의 소식은 94세 어머니의 '목숨을 건 금강산 여행'으로 이어졌다.

금강산에서의 마지막 이별 상봉을 마치고 돌아오는 길, 버스에 앉아 두 손을 포개어 잡은 채 지그시 눈을 감고 계신 어머니의 얼굴은 완전한 무표정이었다. 어찌 사람에게 저런 아무런 느낌도 없는 표정이 있을까 싶었다.

그 표정에는 60년의 기다림 끝에 이루어진 너무나 짧은 며칠간의 만남에서 느꼈을 한 맺힌 기쁨, 다시 뼈를 끊을 듯 참혹하기 이를 데 없는 잔인한 이별의 고통, 거기에 더해 먼저 돌아가신 당신 남편에 대한 안타까움까지 녹아 있었으리라. 이 모든 삶의 고통과 기쁨이 얽혀 있었으리라…….

그 무표정을 보며 이제 더 이상 어머니의 인생을 조망하는 일을 늦춰서는 안 되겠다는 결심이 섰다. 비록 글재주는 없더라도 마음을 다해 나의 존경하는 어머니 김례정 여사의 삶을 또박또박 정리하여 기록으로 남겨 두고 싶었다. 내 어머니가 특별해서가 아니라, 그리고 그분이 나의 어머니라서가 아니라, 일제 강점기, 해방 후의 극심한 이념 갈등기, 6·25전쟁, 그리고 독재에 저항한 민주화의 역사 속에서 무수히 많은 사람들이 걸어간 길 위의 한 사람으로서 어머니의 인생을 되돌아보고 싶었던 것이다.

더욱이 스스로 선택해서가 아니라 시대의 질곡 속에 고통을 짊어져야 했던 수많은 사람들의 인생길에는 어떠한 희망과 기쁨, 슬픔과 절망이 있었는지, 그리고 삶을 위한 얼마나 처절한 몸부림과 노력이 있었는지 배우고 싶다는 마음으로 감히 어머니의 삶을 들여다보고자 했던 것이다.

어머니의 긴 생애, 모진 어려움을 헤쳐 온 그 삶은 마치 큰 강을 보는 듯하다. 온갖 장벽과 굴곡과 오염을 큰 폭으로 휘감아 굽이굽이 돌아가며 모두를 끌어안아 삼켜 버리는 큰 강과 같다는 느낌을 받는다. 이 책의 제목을 '어머니의 강'이라 붙인 것은 바로 그 때문이다.

어느덧 어머니의 연세는 아흔다섯이다.
어머니가 이 연세가 되도록 기다려 주시지 않았다면 이 이야기는 세상에 태어날 수 없었을 것이다. 나도 참 무심한 놈이라는 생각을 거듭거듭 한다. 정말이지 죄송한 일이다.

형님 집에 도착한 나는 큰형인 영식 형과 딸로는 막내인 난혜 누나가 어머니에게 들었던 것을 정리한 경험담과 간간이 천식 형이 어머니의 구술을 통해 모아 놓은 자료, 그리고 천식 형과 내가 외할아버지 김한 선생의 독립유공자 포상을 위해 찾아 놓았던 자료 등을 들추어 보면서 어머니와 이야기를 시작했다.
어머니와 이야기를 하다 보니 이미 70~80년도 더 지난 가물가물한 옛일인데도 외할아버지와 함께 활동했던 동지들의 이름, 중학 시절 선생님의 이름까지 척척 되살려 내시는 어머니의 기억력에 놀랄 수밖에 없었다. 나는 이렇게 바로 어제의 일처럼 생생하게 떠올려 말씀하시는 어머니의 이야기에 약간의 손질만을 더해 글로 옮기기 시작했다.

이제라도 이 글을 쓰게 된 것이 참 다행이라는 생각을 하면서 이렇게 어머니의 삶을 글로 정리해야겠다는 생각을 실천에 옮길 때까지 긴 세월 기다려 주신 어머니께 다시금 감사의 말씀을 올린다.

어머니는 당신의 삶을 기록하겠다는 아들이 자랑스러우신가 보다.
오랜만에 어머니 곁에 누운 아들의 볼을 쓰다듬으며 "원식아! 고맙다." 하신다.
아아! 어머니…….

* 폐쇄적인 이산가족 상봉 규정

이산가족 상봉을 위해 거치는 첫 번째 절차가 우선 신청을 받는 일이다.

남과 북은 모두 양측이 합의한 이산가족 수의 그 배수만큼 신청인을 선정하여 서로 그 명단을 교환한다.

서로 교환된 그 배수의 신청자의 내용을 점검하여 신청에 응할 가족을 찾는다.

이렇게 해서 찾아진 가족 중에 연령, 부모 자식 간 등의 우선순위에 맞게 합의한 수만큼의 가족을 최종 확정한다.

이런 절차를 거쳐 이산가족이 상봉하게 되는데 문제는 만나는 숫자가 제한되어 있는 점이다.

신청한 쪽은 신청인에 한하고 신청에 응하는 쪽은 5명까지 만날 수 있다.

그래서 이번 상봉의 신청자는 북쪽의 정혜 누님이기 때문에 정혜 누님 한 분으로 제한이 되었고 신청에 응한 우리는 어머니를 비롯해 4형제가 상봉행사에 참여하게 되었다. 따라서 북쪽에 있는 또 한 분의 누님인 덕혜누님을 만나지 못한 것이다.

1부

60년만의 상봉

이 글은 김례정 여사의 막내아들인 우원식 17대 국회의원이 2010년 이산가족 상봉을 전후해서 페이스북과 오마이뉴스에 올렸던 글을 바탕으로 정리한 내용입니다.

60년 전 헤어진 누나가 살아 있다!

2010년 10월 20일

우와! 드디어, 드디어 북에 계시는 누님을 만나게 되었습니다.

오늘 오전 남측과 북측이 이산가족 상봉자 명단을 확정하고 서로 교환했는데 그 명단에 저의 어머니가 포함된 것이 바로 지금, 방금 확인되었습니다.

"살아 있대?"
"만날 수 있대?"

북쪽에서 우리 큰누님인 정혜 누님이 우리 가족을 찾는다는 소식을 적십자사를 통해 듣고 어머니가 처음 하신 말씀입니다. 어린 두 딸과 생이별한 뒤 60년 동안 생사조차 몰라 늘 가슴속에 커다란 응어리를 묻고 살아왔던 어머니의 그 애절함이 울먹이듯 떨리는 목소리에 그대로 묻어 전해졌습니다.

꿈만 같습니다.

도저히 믿어지지 않는 일이 우리 가족에게 일어난 것입니다. 큰형님으로부터 처음 소식을 전해 듣고 그 자리에서 덩실덩실 춤을 추기도 했습니다. 기쁜 마음으로 술에 취해 다음날 아침까지 머리가 지끈거리기는 했지만, 그래도 마냥 기쁜 마음을 참을 수 없었습니다. 제가 태어나기도 전에 가족과 이별한 정혜 누님, 한 번도 뵌 적 없기에 더욱더 뵙고 싶었던 그 누님이 가족을 찾고 있다니…… 생사조차 모르던 상황에서 전해진 누님의 생존 소식은 정말 꿈만 같은 일이었습니다.

더욱이 북에 두고 온 딸 소식을 평생 기다리다가 어느덧 94세에 이른 어머니는 이제 기대를 거의 접어 가시던 마당이라 더욱 놀랍고 감격스러우셨던 모양입니다. 그날, 전화를 통해 들려오던 어머니의 목멘 목소리가 귓가를 떠나지 않습니다.

이북에 남은 두 분의 누님 중 큰누님인 정혜 누님이 우리 가족을 찾고 있다는 소식은 2010년 이산가족 상봉 행사를 준비하고 있는 적십자사를 통해 지난 10월 8일 저희 가족에게 전달되었습니다. 북한에서 남쪽의 가족을 찾는 200명 명단에 정혜 누님이 포함되어 있다는 것이었습니다.

뒤이어 북쪽의 신청자 200명 중 남쪽 가족이 확인된 수가 162 가족이라는 보도가 있었고, 그중 100 가족을 추려 내는 절차를 거쳤습니다. 선정 기준은 고령자 우선, 부모 자식 간 우선의 원칙이라는 보도가 있었기에 어느 모로 보든 우리 가족이 선정되는 것은 당연한 일이라고 생각하면서도, 혹시나 하는 조마조마한 마음 또한 한구석에 있었는데, 바로 오늘 확정된 것입니다.

6·25의 혼란기, 어머니와 아버지는 전쟁의 한복판이었던 서울에서 6명이나 되는 아이들을 모두 챙기기 힘들다고 생각했습니다. 그래서 어린아이 셋만 곁에 두고 14살인 맏아들부터 위로 셋은 아버지 고향인 황해도 연백으로 보내기로 했습니다.

"엄마, 싫어! 나 안 갈래!"

엄마, 아버지에게서 떨어지지 않으려 발버둥치는 철없는 11살 정혜, 8살 덕혜에게 사탕을 쥐어 주며 달래서 억지로 보낸 것이 마지막이 될 줄은 정말 몰랐다면서, "정말 미안하고 미안하다…… 그런데 이렇게 살아서 엄마를 찾아 주다니…… 너무 너무 고맙다."라고 몇 번이고 되뇌시는 어머니…….

워낙 고령이어서 바깥출입을 삼가신 지 거의 5년이 되었기 때문에 금강산까지 가는 일은 어머니에게는 매우 무모한 일일 수도 있습니다. 그래서 이번 여행은 그 어느 때의 여행보다 반가운 여행이지만, 걱정 또한 적지 않습니다.

그러나 어머니는 어린 딸들을 고향으로 억지로 보낸 미안함, 60년 만에 찾아 준 고마움을 어찌 저버릴 수 있겠느냐시며, '가다 죽더라도 간다'고, 목숨을 건 여행을 하기로 마음을 다잡으셨습니다.

저희 가족은 어머니와 큰형님을 비롯해 난혜 누나, 천식 형, 그리고 막내인 저까지 다섯 명이 금강산으로 갈 계획입니다.

10월 26일

큰누님을 만날 날이 하루하루 다가오고 있습니다.

상봉 일정은 이렇습니다.

10월 29일 오후 2시까지 속초의 한화콘도로 모든 상봉 가족들이 모입니다. 이곳에서 건강검진과 상봉행사 안내를 받습니다. 그리고 그다음 날 버스를 타고 금강산으로 이동합니다. 이날부터 2박3일 간의 상봉이 이루어지는데, 실제 상봉은 모두 세 차례라고 합니다. 전체 상봉행사에는 반드시 정장을 하도록 되어 있어 양복을 한 벌 준비하려 합니다.

누님께 드릴 선물을 마련합니다. 30kg 가방 2개까지 가져갈 수 있답니다. 무엇을 준비해야 할까를 둘러싸고 형제들 간에 의견이 분분합니다. 비누, 칫솔, 치약과 같은 생필품 위주로 해야 한다는 주장과, 이런 선물이 혹 자존심을 건드릴 수 있다는 주장이 맞서고 있습니다. 경험 있으신 분들의 도움이 필요합니다.

10월 27일

두루두루 알아보니 이산가족 상봉 때 생필품도 좋은 선물이라는 결론을 내렸습니다. 그래서 어제 저녁 집 주변에 있는 마트에 가서 치약, 칫솔, 비누, 털장갑, 속내의 등 생필품을 샀습니다.

저는 한 번도 보지 못한 북측의 큰누님 성격이 미국에 있는 관혜 누님의 까다롭달 정도로 깔끔하고 완벽에 가까울 만큼 철저한 성격과 닮았다고 하니 조심하지 않을 수 없습니다.

하나하나 정성을 들여 물건을 사 나가면서 어느덧 누님이 곁에 계신 것 같은 착각도 듭니다. 정혜 누님이 이 물건을 좋아하실까, 어떨까? 저 혼자 생각이면서도 누님과 상의하는 것 같은 마음이 자꾸 들더군요. 조금만 더, 조금만 더…… 하다 보니 물건은 자꾸 늘어 갑니다. 30kg 보따리 두 개라는데 이미 생필품만으로도 한 보따리가 넘어 버렸습니다.

내일은 옷가지와 학용품을 살 예정입니다.

10월 29일 아침

어젯밤에 선물 짐을 모두 꾸렸습니다.

겨울용 파카, 스웨터, 목도리, 털조끼, 내의, 스타킹 등등……. 지구당 여성위원회에 나가니 회원들이 누님 드리라고 양말, 내의 등을 준비해 주었고, 후배 종봉이 자기 회사의 화장품을, 조기축구회 후배 회

@ 현장 진단 (추가)
- 두인체 : 윗도리 (상체로드), 크로기
  반지
- 우천시 : 폴라로이드 카메라
  전우 목거리

- 어머니 : 금반지

- 우천시 :
 · 겨울모자
 · 양말
   수십벌

전달 물품

종류	이름	갯수	사용법	기타
의류	외래따카	1		남자 용
	여우혠죠망바	1		남자
	오리털 조끼	2		남자
	오리털 다카	1		여자
	패딩 점퍼 (솜점버)	2		여자
	세타	4		여자
	특모러	2		여자
	털 조끼	2		남녀 공용
	녀외	1		남자
	녀쉬	1		여자
	긴옷 바지	4		남녀 공용
	여자 팬티	20		여자
	스타킹	2		여자
	스타킹	2		남자
	양말	20		남 녀
	비누	6박스 (상자)		
	치약	(0 박스 (상자)		
	치솔	10 "		어른용
	치솔	8 "		아이용
	빗	8 개		

종류	이름	갯수	사용법	기타
어머니 쓰던것	세타	2		어머니정성 들어있는 물건임
	손가방	3		
어머니 쓰던것	안경	1	돋보기	어머니 현재쓰는것임
사진모음	사진첩	1		부모, 남쪽가족 사진기록터
약	파스	15봉지	근육통증에 부침	1봉지에 약 6-7개 들어있음
	에스빌	10개	해열,진통,염증치료	머리아프고 몸에 염증있을때
	정로환	10개	소화불량, 설사방지	특히 설사있을때 효과(지사제)
	레드코프	10개	감기약	콧물,목아프고, 미열감기초기
	베아로제	10개	소화제	체하고, 속이 더부룩할때
시계	시계	4개	남녀공통3개 남자1개	흔들어 가는 시계
약	잡화			가끔 시간을 맞추어야 함
	잡화	1 통		변을 튼튼하게 하는 약 (메일 1번씩 복용)
	비타민	1 "		
	오메가 3	1 "		혈액 순화에 필요한약 (매일 1번씩 복용)
	홍삼엑기스	1 통		인삼으로 만든젤름 (한숟에 한수품)

종류	이름	갯수	사용법	기타
	면도기	2		
	장갑	10		
	남자 팬티	12		
화장품	여성이로오	8		
	화장품	약수		
	두꺼운양말	13		
학용품	색연필	15		
	양산	2		
	우산	1		
인쩨 지팽이		2		상반 접는것 (지팽이)

우리가 누님에게 전달한 물건의 목록

원인 갑선이 역시 자기 회사의 양말과 털모자 등 여러 가지 챙겨 왔습니다. 고마운 일입니다.

이번에 북한의 누님을 만나는 일을 준비하며 이산가족의 문제가 얼마나 중요한 우리 민족사의 일인가를 다시 한 번 절실히 느낍니다. 상봉이 확정된 후 여러 행사를 다니면서 이 사실을 알리면 모두가 박수를 치며 환호합니다.

적극적 보수단체인 재향군인회에서도, 동네 주민이 모이는 산길걷기대회에서도, 교회 예배 중에도, 진보적 토론모임인 노원포럼에서도, 가을 소풍 가는 노인정 회원들의 버스 안에서도, 대진고등학교 개교 기념 행사장에서도……. 모두가 하나같습니다.

보수나 진보나, 노인이나 애들이나, 아줌마나 아저씨나 모두가 하나같이 기뻐하고 환영하고 부럽다 하고 잘 다녀오라 하십니다. 이것이 우리 민족의 마음인 것 같습니다.

이렇게만 남북문제에 접근을 하면 문제가 없을 텐데, 이번에 열린 남북 적십자 회담에서 이산가족 상봉 정례화 문제가 또 결렬되었다는 소식은 저를 우울하게 합니다. 이산가족 상봉 신청자 총 12만 8,232명 중에 우리 아버지처럼 이미 명을 달리한 분들이 4만 4,940명에 이르고, 6·25전쟁이 터진 지 60년이 지난 상황인지라 그나마 생존자 8만 8,417명 중에 77%가 70대 이상에 이르고 있다니, 이제 이산가족의 문제를 해결할 시간은 정말 얼마 남지 않았습니다.

그런데 또 무슨 이유로 상봉 정례화 회담이 결렬되는가!

남아도는 쌀을 지원하는 문제가 뭐 그리 대수란 말인가!

금강산 관광을 재개하는 문제가 왜 그리 어려운 문제란 말인가!

가슴 설레는 상봉을 위해 떠나는 날 아침, 반갑고 기쁘면서도 한편 우울해지는 것은 제가 과민한 탓은 아닐 것입니다. 이 문제가 나만의 문제가 아니라 이번 상봉을 바라보고 있는 '또 다른 수많은 나'가 있기 때문에 우울해지는 것이지요.

어쨌든 준비한 선물 가방을 차에다 싣고 어머니가 기다리시는 일산으로 떠나야겠습니다.

10월 29일 오후

춘천, 인제, 미시령을 거쳐 약 200km를 가는 도중, 어머니께서는 어지럽고 가슴이 답답하시다며 가끔씩 차에서 내려 길거리에 가만히 앉아 계시곤 했습니다.

연세가 연세인지라 차에 오래 앉아 가시는 것은 힘에 부쳐 하십니다. 2시까지 도착하도록 되어 있지만 이런 사정으로 생각보다 늦어지자, 달리는 도중에도 여러 차례 기자들로부터 언제 오시느냐는 문의 전화가 오곤 했습니다.

설악산에 가는 길에 60년 전 헤어진 정혜 누님에 대한 기억을 물어보았습니다. 오빠가 되는 큰형인 영식 형은 잘 기억이 나질 않는다고 하더군요. 그래도 기억이 있었던 것 같은데 언제부터인가 완전히 기억

정혜 누님을 만나러 간 가족들이 어머니와 함께 남북출입사무소 앞에서 기념촬영을 했다. 왼쪽부터 영식 형, 천식 형, 난혜 누나, 나.

숙소인 외금강호텔에서 정혜 누님이 배정받은 방 앞에서. '우정혜'라는 이름을 보니 상봉이 더욱 실감 나게 다가왔다.

이 나질 않는다는군요.

60년의 세월이 길긴 긴가 봅니다.

어머니는 어려서 예뻤던 기억, 전쟁 중에 연백으로 보낼 때 부모와 헤어지지 않으려고 울며 떼쓰던 모습뿐이라고 말씀하시더군요.

3시 30분경 설악산에 도착하니 기자들이 몰려옵니다. 갑자기 많은 기자들이 한꺼번에 몰려들어 보통 시끄러운 게 아닙니다.

이유를 들어 보니 우리 어머니가 이번 상봉단의 최고령자이면서, 부모 자식 간에 상봉하는 유일한 경우라고 합니다. 그래서 자연히 여러 신문, 방송 기자들의 마이크와 카메라가 몰리고 있습니다. 상봉을 위해 모여든 다른 많은 이산가족들 사이에서도 어머니는 그 연세 때문에 단연 관심이 쏠리고 있습니다. 마치 "저 어른은 딸을 만나시려고 저리 오래 사셨구나!" 하는 듯합니다.

60년 전에 헤어진 딸을 만나기 위해 5년간 두문불출하던 집에서 나와 힘든 길도 마다하지 않고 오신 우리 어머니…… 오시는 도중 차 안에서 쓰러지기도 했던 어머니가 지금 저렇게 신나 하십니다.

오랜 세월 잊으려야 잊을 수 없었던 딸을 보기 위해 오래오래 버티신 우리 어머니가 오늘 정말 큰 사람으로 느껴집니다. 오늘, 어머니가 정말 자랑스럽습니다.

드디어 상봉하다

10월 30일 첫 번째 상봉

오후 3시부터 상봉행사를 갖기로 되어 있어서 숙소인 외금강호텔에서 서둘러 내려왔습니다.

남북 간의 관계가 극도로 나빠져 있는 관계로 상봉단은 남측 CIQ와 북측 CIQ를 거치는 동안 전체적으로 잔뜩 긴장한 분위기가 지배하고 있습니다.

아침부터 일찍 서둘러 출발한 터라 어머니는 몹시 힘들어 하십니다. 그래도 면회소로 가는 버스 안에서 어머니의 얼굴엔 긴장보다는 숨길 수 없는 짙은 기쁨이 배어 있습니다.

면회소로 들어가 우리 자리인 74번 테이블을 찾으니 이미 기자들이 먼저 와 카메라를 들이대고 있습니다.

3시가 조금 넘어서자 북측 상봉단이 도착했다는 소식이 들려옵니다.

아! 60년 만에 처음 만나는 누나!

전쟁이 끝나고도 한참 후에 태어난 나로서는 한 번도 보지 못했던 분이지만, 만남을 앞두고 말로 표현하기 어려운 감정에 휩싸입니다. 두근거리기도 하고 어떤 모습일까 궁금하기도 합니다.

부모와 떨어지고 졸지에 고아가 된 누님이 얼마나 애절한 세월을 보냈는지, 열한 살 어린 나이에 여덟 살 동생 덕혜 누님과 둘이서 어떻게 살아왔는지, 어떻게 역경을 헤쳐 왔는지 3일간의 짧은 만남으로 다 들을 수는 없겠지만 흔적들이라도 찾아 그 안타까웠던 마음을 함께 느껴 보고 싶은 생각이 간절합니다.

나도 이렇게 떨리고 흥분되는데 어머니는 어떠실까 싶어 곁눈으로 가만히 어머니의 얼굴을 살펴봅니다. 아무 말씀도 없이 무표정하게 계시는 어머니의 모습에서 오히려 그 심정의 단면을 엿볼 수 있습니다.

드디어 북측 상봉단이 들어오기 시작합니다.

"저기, 정혜다!"

영식 형님은 낮은 목소리로 정혜 누님을 금방 알아보았습니다. 얼굴이 기억나지 않는다더니 바로 알아보셨습니다. 이게 혈육이란 것인가 봅니다.

정혜 누님은 기자단 중 '우리 가족 전담 마크맨'인 내일신문 조승호 기자와 함께 오고 있었습니다.

정혜 누님이 엄마 앞에, 그리고 형제 앞에 환한 얼굴로 다가옵니다. 60년 만에 다시 만나는 모녀간의 재회는 서로 끌어안으며 시작되었습

첫 상봉에서 끌어안는 어머니와 큰누님. 60년 세월 켜켜이 쌓인 한이 모녀의 가슴에서 한순간 녹아내린다.

정혜 누님이 어머니를 끌어안고 연신 볼에 뽀뽀를 해대니 기쁨과 슬픔, 아쉬움과 미안함의 감정이 교차한다.

어머니는 요새 화장실을 자주 가신다. 남북의 두 누이들이 휠체어를 밀고 어머니를 화장실로 모시고 있다.

니다.

상봉장 여기저기서 큰 울음소리가 들려옵니다.

60년만의 재회가 사람들의 마음을 온통 흔들어 놓습니다. 상봉장에는 이제 막 만난 가족들이 끌어안고, 볼을 부비고, 울며 60년간 맺힌 한을 쏟아 내느라 어수선하기 그지없습니다.

잠깐 어머니와 영식 형님을 번갈아 끌어안은 누님은 "우리 울지 맙시다." 하며 자세를 고쳐 앉습니다. 그리고 그동안 받은 훈장과 각종 표창을 테이블 위에 올려놓았습니다.

붉은 천 위에 한눈에 보아도 호화롭게 보이는 각종 훈장 20여 개가 가지런히 놓여 있습니다. 천을 펼치면서 정혜 누님은 '나는 이악스러울 만큼 열심히 살아 이렇게 인정을 받을 정도로 훌륭하게 되었다'는 듯 자랑스러운 표정을 지으십니다. 그 표정만으로도 부모와 창졸간에 헤어진 정혜, 덕혜 누님이 어떻게 살아왔을까 하는 궁금증이 많은 부분 해결되고 있었습니다.

누님은 소아리중학교 5년, 재령경제전문학교 4년을 마치고 다시 해주공업대학에서 4년 6개월 더 공부를 한 다음, 지금은 연안군 직매점 지배인으로 25년간이나 일을 하고 있다고 합니다. 그전에는 은행에도 다녔다고 설명하는 모습에서 자신감이 가득 차 있는 모습을 봅니다. 한마디로 차돌처럼 단단하게 단련되어 있는 누님.

누님은 준비해 온 가족사진을 꺼내 이미 명을 달리한 남편과 2남 2녀의 아들딸, 그리고 손주들을 자랑스럽게 소개해 나갑니다. 아울러 둘째 덕혜 누님은 황해도 재령에서 73세의 남편과 2남 3녀의 아이들

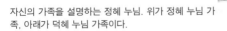

자신의 가족을 설명하는 정혜 누님. 위가 정혜 누님 가
족, 아래가 덕혜 누님 가족이다.

을 두고 역시 잘 살고 있다고 전합니다.

참으로 다행입니다. 두 누님 모두 잘 살고 계시다니…….

정혜 누님은 자나 깨나 한시도 아버지, 어머니, 영식 오빠를 잊은 적이 없다면서 눈물 속에서 말을 이어 갑니다. 처음에는 '우리 울지 말자'며 감정을 자제하던 누님의 모습이 차츰 어머니를 애절하게 찾던 어렸을 때의 모습으로 되돌아가고 있었습니다.

어머니는 정혜 누님의 손을 붙잡고 한 손으로 누님의 손등을 두드려 가며 "너를 만나니 너무너무 좋다." 하십니다. 두 분은 끌어안고 볼을 비비고 뽀뽀하기를 몇 차례 반복하십니다.

정혜 누님은 절을 드려야 한다며 번쩍 일어나 큰절을 올립니다. 60년 만에 어머니께 큰절을 올리는 정혜 누님의 눈이 다시 충혈됩니다.

누님은 6·25 이후에 태어나 서로 얼굴도 모르는 동생들인 난혜 누이, 천식 형 그리고 나에게도 안부와 하는 일을 차근차근 물으며 혈육을 확인해 갔습니다.

처음 보는 누님이지만 서로 많이 닮아서인지 전혀 낯설지가 않습니다. 분명 다른 체제에서 살았고 떨어져 있었던 시간이 너무도 길어 생각이 많이 다름에도 불구하고 '누나는 역시 누나다' 싶게 이내 누나로, 동생으로 정답게 손잡고 있는 우리는 누가 뭐래도 형제라는 것을 확인할 수 있었습니다.

누나의 손이 몹시 거칩니다. 세월의 흔적이 그대로 묻어나는 정혜 누나의 손이 그래도 참 고맙습니다. 이 거친 손으로 건강하게 생존할 수 있었고 자식을 낳아 훌륭하게 가정을 꾸렸으며 1·4후퇴 후에 황해도에 남아 있었던 나이 든 친척들의 뒷바라지까지 도맡았습니다. 젊은 이들이 남으로 떠나간 자리를 대신하여 가장으로서 역할을 다한 누님이 너무도 자랑스러웠습니다. 정말 그 거친 손이 그렇게 예쁘고 사랑스러울 수가 없습니다.

어느덧 약속된 첫 상봉의 시간이 모두 지났습니다. 상봉을 중단해 줄 것을 알리는 사회자의 안내 멘트가 5시경에 전해지면서 첫 상봉은 아쉽게 마무리되었습니다. 북측 상봉단이 퇴장하면서 정혜 누님도 함께 우리 곁을 떠났습니다. 그러나 오늘은 이따가 6시부터 저녁을 함께하는 상봉만찬이 있습니다.

긴장을 많이 한 탓인지 첫 상봉을 마치고 돌아가는 길에 그렇게 힘이 없을 수 없네요. 팔, 다리가 모두 쑤시고 몸살 기운까지 갑자기 밀려옵니다. 나도 이런데 어머니는 오죽하셨을까요.

이렇게 첫 상봉이 끝났습니다.
저녁에는 식사와 술을 한잔 할 수 있답니다.
설렙니다.

60년만에 찍은 가족사진.

정혜 누님과 단둘이 찰칵. 덕혜 누님과는 언제나 사진을 찍으려나.

발가락이 닮았다!!

주량, 귓불, 무좀발······.

아무리 오래 헤어져 있어도 형제는 형제인가 봅니다. 단 한 번 얼굴을 보지 못했어도, 다른 이념 속에 살았어도 혈육은 역시 혈육입니다.

차츰차츰 만남을 거듭할수록 우리는 형제간에 결정적으로 닮은 점들을 하나씩하나씩 발견해 가고 있었습니다. 그런 발견은 큰 기쁨이었습니다.

난생처음으로 다섯 형제가 둘러앉아 도란도란 말하는 모습을 흐뭇하게 지켜보시던 어머니가 크게 박수를 치며 "너희들 귀 모양이 똑같다!"고 외치십니다.

이 말에 깜짝 놀란 우리는 서로서로의 귀를 확인해 보았습니다.

모두가 귓불이 도톰한 모습이었고 동그랗고 예쁘게 생긴 귀의 모양이 비슷하다는 것을 발견했습니다.

어머니의 귀도 역시 같은 모양이었습니다. 확실히 우리는 부모의 피를 이어받은 형제들임이 분명합니다.

두 번째의 발견은 정혜 누님의 간단치 않은 주량이었습니다. 첫날 저녁식사를 하며 정혜 누님이 맥주, 소주를 여러 잔 하시길래, 혹시 헤어지고 나서 무슨 실수라도 없을까 걱정되었습니다. 그래서 그다음 날 점심때 물어보니 "일없다."고 하시네요. '일없다'는 말은 '걱정 없다', '괜찮다'는 뜻입니다. 그러시면서 30도 정도의 술을 포도주잔으로 10잔 정도는 끄떡없다고, 취하지 않는다고 하십니다.

둘째 날 점심. 어느 자리보다도 행복하고 맛있었던 술맛. 실로 생애 최초인 정혜 누님과의 통쾌한 술자리였다.

태어나 처음으로 누님에게 술을 따라 드렸다.

우리 3형제가 명절날 둘러앉으면 큰 청주병 4병 정도는 거뜬히 해치우는데, 정혜 누님 역시 우리 형제들의 대단한 주량과 꼭 닮아 있었습니다. 우리는 서로 이 대단한 주량을 자랑스러워 하며 둘째 날 점심 공동식사에서 왁자지껄 시원하게 술 한잔을 했습니다.

실로 생애 최초이면서도 통쾌한 정혜 누님과의 술자리였습니다.

더 결정적인 공통점이 있습니다. 우리 형제의 얼굴 생김이나 신체구조는 아버지형(形)과 어머니형으로 나뉩니다. 아버지를 닮은 형제는 관혜 누님과 천식 형이고, 어머니를 닮은 형제는 영식 형과 인식 형, 난혜 누나와 접니다. 이번에 상봉을 통해 정혜 누님은 어머니형, 덕혜 누님은 아버지형이라는 걸 알아냈습니다.

그런데 어머니형은 결정적인 약점이 한 가지 있습니다.

어머니형의 신체구조는 손과 발이 도톰하게 예쁜 형인데, 발가락이 모두 빈틈없이 다닥다닥 붙어 발가락 사이에 습기가 잘 차기 때문에 무좀에 무척 취약합니다. 그 때문에 나도 군복무 시절부터 악성 무좀으로 무척 고생을 하고 있습니다. 누님께 어머니형의 신체구조가 갖는 무좀발에 관한 이야기를 들려드리고 누님의 사정은 어떤가 물어보니 "나도 꼭 그렇다."며 화들짝 반가워하십니다.

그렇습니다. 정혜 누님은 어머니형의 얼굴 생김생김과 신체구조를 지니고 있으며 무좀발이라는 치명적 공통점까지 공유하고 있는, 분명한 나의 누님임이 확인되었습니다.

사랑하는 우리 정혜 누님!

귓불도, 주량도, 발가락도 모두 닮은 우리는 형제입니다!

관 속에 넣어갈 반지

어느 누구의 감시도 받지 않고 만나는 유일한 시간인 개별 상봉이 두 번째 날인 31일 오전 9시부터 11시까지 이루어졌습니다. 북측이 운영하고 있는 금강산호텔 715호가 우리 가족의 개별 상봉 장소입니다.

공개적인 면회소 상봉과는 또 다른 느낌입니다. 주변을 의식하지 않고 우리끼리만의 내밀한 이야기도 가능하니 말입니다.

누님이 방으로 들어옵니다. 누님은 들어오자마자 옷매무새를 고치고 어머니께 큰절을 합니다.

"어머니, 살아 계셔서 고맙습니다."

"정혜야, 네가 이렇게 잘 있어서 고맙다. 우리를 이렇게 찾아 주어 정말 고맙다……. 그리고…… 너를 떼어 놓아 미안하다."

사실 누님이 당초에 북측에서 신청을 할 때, 누님이 찾고자 하는 명단에는 어머니가 포함되어 있지 않았습니다. 이미 94세가 된 어머니가 살아 계실 거라고는 전혀 생각지 못했기 때문입니다. 그런데 남측에서 정혜 누님을 만나겠다고 보낸 명단에 어머니가 포함된 것을 알았을 때, 누님의 감동은 이루 말할 수 없었다는군요.

이 소식이 전해지자 정혜 누님의 두 아들, 두 딸은 이미 평양으로 떠난 정혜 누님을 쫓아와 함께 밤을 밝히며 기쁨을 나누었다고 합니다.

우리 형제 중에 공부도 제일 잘했고 자아도 강한 난혜 누나가 큰언니인 정혜 누님에게 여자 형제간에 색다른 감정을 느끼는가 봅니다.

누님이 준비해 온 선물들. 비단 4점과 어머니 옷감 1점, 작은 골뱅이로 장식한 도자기, 들쭉술을 포함한 술 세병. 골뱅이 도자기는 조카들이 직접 만든 것이란다. 하얀 천이 반쯤 덮인 비단이 어머니 한복.

개별 상봉 장소인 금강산호텔 715호에서 '나의 살던 고향'을 다같이 불렀다. 마음이 떨린 탓인지 초점이 안 맞았다.

하루씩 날을 거듭할수록 난혜 누나가 정혜 누님의 품에 자주 안깁니다. 큰언니의 품이 몹시 따뜻하다는 느낌을 받는다는 겁니다. 부모와 헤어져 북한에서 자란 정혜 누님의 단단한 모습을 보면서 큰언니로서의 권위가 느껴진다는 것이죠.

여자 형제들끼리는 또 다른 느낌이 있는가 봅니다.

우리가 준비해 간 120여 장의 가족사진, 아버지 장례식 사진, 무덤 사진을 일일이 보여 주면서 자세히 설명하고, 아버님 돌아가신 날을 알려 주니 정혜 누님은 제사를 올리겠다며 소중하게 적습니다.

이제 서로 선물 보따리를 풉니다.

누님은 귀한 거라며 북한산 비단 4점과 어머니 옷감 1점, 그리고 작은 골뱅이로 장식한 도자기, 들쭉술을 포함한 술 세 병을 준비하셨습니다. 누님은 "우리가 형편이 좀 어렵지만 정성껏 준비한 선물이고, 특히 골뱅이 도자기는 너희 조카들이 손수 만든 것"이라며 수줍게 전해 주셨습니다.

우리가 준비한 선물은 상봉 안내에는 30kg 가방 2개까지라고 들었지만, 조금 더 부피가 많아져 가방 3개 정도 됩니다. 선물 목록을 꼼꼼히 적어서 누님이 선물 내용을 살펴보지 않아도 한눈에 알 수 있도록 했습니다. 선물은 치약, 칫솔, 비누 등의 생필품에서 진통제, 감기약 등 기초 의약품, 오리털 파카 같은 따뜻한 의류 등입니다. 큰누나에게 미안한 마음을 조금이라도 씻고 싶은 마음으로 정성껏 준비하여 전해 드렸습니다.

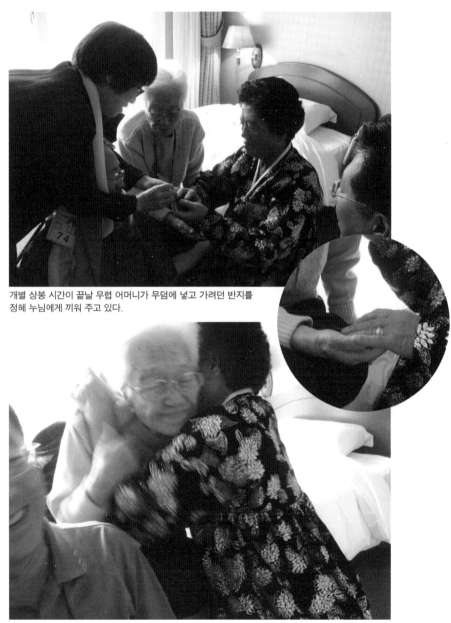

개별 상봉 시간이 끝날 무렵 어머니가 무덤에 넣고 가려던 반지를
정혜 누님에게 끼워 주고 있다.

반지를 낀 누님이 어머니를 힘껏 끌어안고 있다.

그런 일들을 모두 마치고 개별 상봉 시간이 10분이나 남았을
까…….

갑자기 어머니가 정혜 누님을 곁으로 오라고 하십니다. 그리곤 유언
이라도 남기시려는 듯 낮은 목소리로 조심스레 말씀하셨습니다.

"요즘 남북관계가 하도 험악해지고, 나는 나이도 견딜 수 없을 만
큼 많아져서 너를 만날 수 있다는 기대를 거의 포기했었다……. 그래
서 너와 덕혜에게 주려고 간직해 왔던 금붙이를 모두 없애 버리고 이
제 내 수중에 반지가 단 하나 남아 있단다. 이 금반지는 내가 죽어 관
속에 들어갈 때 내 입속에 넣어서 가져가려고 했던 반지인데…… 내가
가장 아끼고 좋아하는 반지란다……. 내 수중에 마지막으로 남아 있는
가장 아끼는 이 반지를 너에게 주고 싶구나……. 소중히 간직하여라."

반지를 받아든 정혜 누님은 어머니의 품속에 얼굴을 묻고 어깨를
들썩이며 통곡을 터뜨립니다. 나도 영식 형도, 난혜 누나도 천식 형도
모두 어머니와 함께 어머니의 관 속에 들어가려던 그 반지가 끼워진
정혜 누님의 손을 붙잡고, 그간 맺혔던 그리움과 한을 한꺼번에 쏟아
놓았습니다.

언제 다시 만날까, 또다시 이별

11월 1일 또다시 이별

오전에 있었던 1시간가량의 짧은 이별 상봉.

이런 기가 막힌 생이별의 순간이 이 땅 말고 지구상에 또 어디에 있을까요? 참으로 애절함을 넘어 참혹한 이별의 순간이었습니다.

94세 어머니의 다 쭈그러진 얼굴은 온통 울음 그 자체였습니다. 눈물도 말라 버린 그 지친 눈은 붉게 충혈되어 갔고…… 이미 71세 노인이 되어 버린 딸의 손을 붙잡고 겨우 말을 잇습니다.

"우리 다시 만날 수 있을까?"
"이게 끝일 거야……."

도저히 말로 표현할 수 없는 서러움에 안타까워 안절부절못하시는 어머니. 한숨을 내쉬다가 고개를 누나의 손등에 대고 입을 맞추십니다. 그러다가 마침내 가슴이 답답하다며 의자 뒤로 머리를 젖히시고 맙니다.

60년간 누구에게도 말 못하고 가슴에 고이 묻어 두어야 했던 애절한 그리움……. 만나자마자, 당신의 딸인 것을 확인하자마자 다시 생으로 이별해야 한다는 뼈를 저미는 고통에 탈진 상태로 빠져든 것입니다.

적십자 의료진이 달려오고 혈압을 체크합니다. 진료를 위해 밖으로 나가시자는 의료진의 권유에도 곧 헤어져야 하는데 어찌 떨어지느냐며 물리치시고, 진정제 알약만을 드시고 애써 마음을 추스리십니다.

한 시간의 상봉 시간이 끝나고 정혜 누님은 어머니와 영식 형에게, 나와 난혜 누나와 천식 형은 정혜 누님에게 큰절을 하고 부둥켜안았습니다.

따뜻하게 끌어안는 누님의 가슴…… 언제 다시 느껴 볼 수 있을까. 속에서 울컥울컥 올라오는 눈물을 참고 있는데, 결국 어머니께 큰절을 올리던 정혜 누님이 굵은 눈물을 먼저 쏟고 말았습니다.

"누나, 잘 살아! 우리끼리만 행복하게 살아서 미안해! 이렇게 우리를 찾아 주어 너무 고마워! 빨리 통일을 이루고 그때 다시 만나!" 이렇게 크게 외치고 싶었지만 말이 되어 나오지 않습니다.

헤어지기 전 온 가족이 정혜 누님의 손을 맞잡았다. 언제 다시 저 손을 잡으려나…….

북측 상봉단이 먼저 나가 버스에 올라타고, 남측 상봉단이 버스 밖에서 인사를 나누는 순서. 차창 밖으로 내민 손을 애절하고도 간절하게 부여잡습니다. 그 따뜻한 손길을 조금이라도 더 붙잡아 두려는 듯이……. 이미 이별이 예정되었던 짧은 만남인 것을 알고 있었지만, 그런데도 이별은 왜 이리도 잔인한 것일까요.

지난 60년간 남북을 완전히 나누어 놓았던 다른 이념, 다른 체제도 혈육을 갈라놓을 수는 없었음을 이미 우리의 만남과 체험으로 확실하게 느낄 수 있었습니다. 그런데, 지난 60년 동안이 온통 이별, 분단이었는데 또 갈라져야 하다니! 겨우 사흘간, 짧은 만남의 기쁨 끝에 다시 헤어지는 게 이렇게도 고통스러울 줄이야!

"누나, 잘 가…… 잘 살아……. 우리 꼭 다시 보자!"

목이 메어 와 제대로 소리를 내지 못하고 있는 내 눈에서 어느덧 뜨거운 눈물이 뚝뚝 떨어져 내립니다.

상봉장을 가득 메운, 차창을 사이에 두고 1분 1초가 아쉽다는 듯이 가족의 손을 간절하다 못해 처참한 형상으로 부여잡고 있는 이 사람들…… 이들은 이런 상황을 일부러 선택한 것도 아니고 무얼 잘못해서 이런 고통을 받는 것도 아닐 것입니다.

……단지 이 나라의 정치가, 냉전시대의 잘못된 정치가 우리의 국토와 국민을 희생시킨 게 아닌가! 나라를 강하게 만드는 게 얼마나 중요한지, 정치가 잘못되고, 정치가 국민들을 제대로 보호하지 못할 때 국민들이 얼마나 고통을 받게 되는지 한눈에, 한숨에 드러나는 이 현장…… 똑똑히 기억해야겠다, 가슴속에 깊이 새겨야겠다…….

상황을 이렇게 만든 그 시대의 위정자들…… 60년이 지나도록 이 고통을 이 정도로밖에 관리하지 못하는, 나를 포함한 이 시대의 위정자들 역시…….

지구상에서 마지막 남은 분단국가의 멍에를 해결 못한 책임을 져야 할 현 시대 정치인의 한 사람으로서 정말 부끄러워 고개를 들 수 없었습니다.

정혜 누나! 덕혜 누나! 엄마, 엄마! 너무너무 미안합니다.

어머니 돌아가시기 전에 누님을 보게 된 건 그나마 다행스러운 일이지만, 이런 또 한 번의 간절하고 절박한 깊이의 고통을 안겨 드리게 된 것이 정말로, 정말로 죄송합니다.

기껏 내가 할 수 있었던 일은, 나이가 들면서 작아진 키 때문에 차창 밖으로 내민 정혜 누님의 손을 잡을 수 없었던 어머니를 번쩍 안아 올리는 일밖에 없었습니다.

그동안 관념 속으로만 느끼고 있었던 분단의 아픔, 이산가족의 아픔을, 이날의 현장을 겪으면서 나는 완전히 몸과 마음으로 고스란히 받아들일 수 있었습니다.

그 모든 상황이 끝나고 정혜 누님을 실은 차가 시야에서 완전히 사라진 후 면회소로 돌아오는 길……. 발길이 떨어지지 않는다는 말이 무슨 뜻인지 비로소 실감합니다.

온몸의 관절이 쑤시고 머리가 이리 아플 수가 없습니다.

아아…… 뼈가 끊어질 듯한 고통이란 이런 건가 봅니다.

주무시는 게 아니다. 작별상봉까지 마치고 숙소로 돌아가는 버스 안에서 두 손을 맞잡고 눈을 지그시 감은 채 표정 없이 앉아 계신 어머니……. 어머니 가슴속에 60년 세월의 강이 어떻게 휘돌아 갈까.

어머니의 긴 여정...그리고 한 맺힌 3가지 사연

우리 어머니 김례정 여사가 살아온 삶은 우리 현대사의 축소판이라고 해도 지나침이 없습니다.

역사의 굽이굽이를 넘어가면서 어머니는 많은 어려움과 고통 그리고 기쁨이 있었는데 그중에서도 오래 사시면서 가장 '한'으로 남은 세 가지의 사연들이 있습니다.

우선은 어머니의 아버지, 즉 제 외할아버지 '김한' 선생에 대한 사연입니다.

김한 선생의 이력은 대략 이렇습니다. 대한제국의 탁지부 주사라는 벼슬을 하다 일본 동경의 호세이(法政)대학을 졸업했고 한일합방으로 국권을 빼앗기자 이후 '서울청년회', '무산자동맹회'라는 청년 독립운동 단체를 결성하고 활동하십니다.

그 후 상해로 가서 임시정부의 법무국 비서국장을 역임하시다 의열단의 국내 책임자 격으로 다시 서울로 와서 의열단원인 김상옥 의사의 '종로경찰서 폭탄투척사건'에 폭탄을 대준 혐의로 체포되고 5년간 감옥을 사셨습니다.

출옥 후에 신간회 복대표위원회의 대표위원 중 한 분으로 활동하시다가 1930년 신간회 사건이 터지면서 연해주로 도피했고 그곳에서 37년에 사망하셨습니다.

이렇게 독립운동에 전생을 바친 아버지를 모셨으니, 어머니의 삶은 매우 곤궁할 수밖에 없었지요. 외할아버지가 감옥에 계시는 동안 당시의 동아일보에 '김한씨의 가정'이라는 제목으로 실린 탐방기사 중에 어머니의 어머니, 즉, 제 외할머니는 '곤궁한 생활을 헤쳐 나가기 위해 고무공장 직공으로 나가고 어린 딸 례정은 아버지를 보고 싶다며 자주 울고 례정이 다니는 공덕리 소학교에서는 그 사정을 딱히 여겨 무료로 공부를 가르쳐 주고 있다'는 대목에서도 당시의 사정을 잘 알 수 있습니다.

그뿐 아니라 집 앞에는 항시 어머니의 표현으로 '양복쟁이'(형사, 기관원)들이 지키고 있어 늘 마음을 졸이셨고 보고 싶은 아버지는 거의 볼 수가 없어 아버지를 몹시 그리워했다고 합니다.

그런데 9형제 중 맨 아래 아들들인 천식과 원식 형제가 외할아버지의 행적을 자세히 찾다가 재판기록까지 찾아내 독립유공자 신청을 수차례 한 결과 마침내 2005년 광복절에 독립유공자로 선정되었습니다.

그해 광복절 행사장에서 노무현 대통령으로부터 직접 건국훈장 독립장을 받을 때 속으로 한없는 기쁨의 눈물을 흘리셨다고 합니다.

두 번째 사연은 고향땅으로 보내고 그대로 생이별을 하게 된 두 딸에 대한 걱정이었습니다.

아버지와 어머니는 평생을 두고 정혜·덕혜 두 딸을 보고 싶어 했고, 딸이 간절히 보고 싶을 때면 임진각에 나가 북녘 땅을 한없이 바라보곤 했습니다.

아버지는 87년 초에 돌아가셨는데, 북한에 있는 딸 정혜와 덕혜를 못 보고 돌아가시는 것을 몹시 한스러워 하셨고, 이를 지켜보던 어머니는 매우 서럽게 대성통곡을 하셨습니다.

부모님은 1985년 남북 이산가족 상봉이 처음 이뤄진 때부터 계속 상봉 신청을 했습니다.

2005년 7월에도 남북 이산가족 찾기를 신청했고 어머니는 직접 딸

1992년 6월 2일 대한적십자사에 제출한 상봉 신청서

들에게 보내는 편지를 쓰셔서 대한적십자사에 제출했습니다. 이 편지를 지금도 읽다 보면 북녘에 남겨 둔 딸들을 그리는 어머니의 절절한 모정에 제 가슴은 먹먹해집니다.

보고 싶은 나의 딸들, 정혜와 덕혜에게

너희들과 헤어진 지 어언 55년이나 흘렀다.

그동안 세상도 많이 바뀌었으니, 우리 딸들이 어떻게 변했는지 궁금하고 이 엄마는 너희들이 너무나 보고 싶단다.

지금 내 나이가 거의 90이나 되었고, 너희들도 60이 한참 넘었을 터이니 참으로 많은 세월이 지나갔구나. 이렇게 너희들에게 편지를 쓴다고 생각하니 이 엄마의 가슴은 터질 것만 같구나.

1950년 6월에 전쟁이 일어날 때 우리는 서울 돈암동 삼선교에서 정혜와 덕혜 너희 둘과 함께 나와 아버지, 영식 오빠와 관혜, 승혜 여동생, 그리고 그때는 갓난아이였던 인식 남동생과 함께 잘 살고 있었단다.

그러나 전쟁이 일어나는 바람에 우리는 헤어지게 되었다. 그때 전쟁통에 아버지는 우리 많은 식구들이 피난 다니면서 돈암동에서 함께 살기가 너무나도 힘들어서, 너희들과 함께 영식 오빠를 전쟁이 없

는 고향땅 할아버지 집으로 잠시 보냈던 것이다. 그때 영식 오빠와 너희 둘을 연백 고향으로 보내기로 하였을 때, 너희 둘은 가지 않겠다고 울면서 사정하였는데도 불구하고, 아버지는 마차를 타고 고향 가라고 돈까지 주면서 절대로 가기 싫은 너희 둘을 오빠와 함께 보냈단다.

그때가 1950년 7월쯤이었다.

결국 너희들은 영식 오빠 그리고 친척 아저씨와 함께 할아버지 집으로 올라갔고, 나중에 편안해지면 엄마와 아버지가 곧 따라간다고 했는데, 결국에 남과 북이 갈라지는 바람에 지금까지 만나지 못하고 있다.

너희 둘을 보낸 지 벌써 어언 55년이나 되었구나. 이 엄마는 너희 둘에게 다시 찾아가겠다는 약속도 지키지 못하고, 지금까지 이 남한 땅에서 살아 있다는 것이 너무나도 가슴이 아프고 참으로 한탄스럽기만 하구나. 정말 미안하다……. 내 딸 정혜와 덕혜야.

정혜야, 너는 1950년 전쟁 날 때 이곳 돈암동에서 창경국민학교 4학년을 다니고 있었다. 또 확실하지는 않지만, 엄마 기억으로는 너의 이마에 약간의 흠집이 있었던 것 같다.

덕혜는 그때 삼선초등학교 2학년을 다니다가 북으로 갔다.

기억들을 할 수 있는지?

얼마나 고생이 많았겠느냐?

더구나 영식 오빠는 먼저 서울로 돌아왔으니, 너희 두 형제만 남아서 할아버지, 할머니 모시고 고생 많이 했겠지, 어디 학교도 못 가고 집에만 있었을 테니까……,

얼마나 엄마와 아버지를 원망하며 살았겠니?

너희 두 형제가 눈물로 살아갔을 줄 안다.

엄마도 너희 생각하고 눈물 흘린 적이 한두 번이 아니다, 너희 보고 싶어서 잠을 못 이루는 밤이 많았단다. 그때 같아서는 얼마 안 있다가 만날 줄 알았던 것이 이렇게 세상이 오래 못 볼 줄이야 생각이나 했겠니?

너희 나이가 60세가 넘었으니 이제는 얼굴도 잊어버릴 정도로구나,

엄마도 이제는 90세가 되어, 죽을 나이가 다 되었다.

아버지는 1987년에 돌아가셨다.

그동안 남과 북에서 헤어진 사람들이 만나는 것을 방송에서 볼 때마다 아버지는 항상 하늘을 쳐다보며 눈물을 흘리고는 하셨다.

돌아가시기 전에도 이북에 있는 우리 딸들을 빨리 만나야 하는데 하고 항상 말씀을 하셨는데, 결국 너희 둘을 만나지 못하고 한을 품은 채 돌아가셨단다.

보고 싶은 나의 딸, 정혜와 덕혜야.

죽기 전에 너희 둘을 한 번만이라도 보았으면 얼마나 좋겠니? 나도 이제 너무 늙었다.

너희 둘은 어디에 살고 있니? 아직도 연백에 살고 있니? 결혼들은 하였을 것이고……, 훌륭한 남편들을 만나, 좋은 자식들을 이루고 있겠지?

할아버지와 할머니는? 제순 삼촌은? 돌아가셨겠지?

꼭 만나야 하겠다,

이 글을 보게 되거나, 혹 알게 된다면 꼭 연락하거라,

나의 딸들아……,

아무쪼록 몸 건강하게, 잘 지내기 바라며, 빨리 만나는 날을 손꼽아 기다린다,

꼭 연락하거라……, 편지가 된다면 아래 주소로 하기 바란다,

이만 줄인다,

2005년 7월 29일 남쪽에서 엄마가 썼다,

주소 : 경기도 고양시 일산구 주엽동 36 강선마을 110동 404호

엄마가 직접쓴 편지다

김 례 정 씀

세 번째 사연은 막내아들 원식에 대한 걱정이었습니다.

집안이 안정되어 경제적으로도 여유가 좀 생겼고 어머니 연세가 환갑을 넘었을 때였습니다.

박정희 정권의 유신헌법 시절인 76년에 대학에 입학한 원식이 학생운동을 시작하면서 다시 우리 집은 정보기관의 감시 대상이 되고 원식이는 가끔 피신도 하는 처지가 되기도 했습니다.

어머니의 환갑날, 원식이 학내 시위 사건에 연루되어 아침 일찍 인사를 하고 집을 나갔는데 오후에 형사들이 집에 들이닥쳐 환갑잔치가 엉망이 되었던 적이 있었습니다.

그러던 원식이가 강제 징집되다시피 군을 다녀오더니 전두환 정권이 들어선 81년 5월 광주민주항쟁 1주년에 맞추어 학내 시위를 주도하고 체포되어 투옥되었습니다.

1심에서 형량이 1년이었다가 2심에서 3년으로 늘어나 더 많은 세월을 감옥에서 지내게 되었습니다. 그 과정에서 어머니는 정말 많은 눈물을 흘리시고 심지어 겨울에는 우리 아들이 차가운 감옥에 있는데 내 어찌 따뜻한 방에서 잘 수 있냐며 안방의 보일러를 끄시기도 했답니다.

그 후 재야운동, 노동운동을 하는 아들을 보며 30여 년을 걱정을 하며 살았는데 지난 17대 때 원식이가 국회의원에 출마하여 당선되면서 어머니는 큰 시름을 놓을 수 있었답니다.

어머니의 큰 고통, 큰 한의 세 가지 사연 중 이미 두 가지 한을 다 푸셨는데, 이제 남은 것은 북한에 있는 누님들의 문제였습니다.

그런데 이렇게 이산가족 상봉을 통해 극적으로 해결될 줄은 아무도 몰랐습니다.

이제 어머니에게 남은 여한이 없을 듯합니다.

한 가지 남았다면 북한에 있는 덕혜 누님을 만나는 일인데, 이미 정혜 누님으로부터 덕혜 누님의 소식과 사진도 받았기 때문에 커다란 시름은 다 해소된 셈입니다.

현대사의 굽이굽이를 거치면서 본인이 선택하지도 않았고 고통스러운 시대가 만든 큰 멍에를 켜켜이 부여안고 살아온 우리 어머니!

그런데 최근 7~8년 사이에 하나씩 하나씩 그 멍에의 굴레로부터 벗어나기 시작하더니 이번에 누님을 만나시면서 이제 온전히 자유로워지셨습니다.

돌아오는 길에 하신 어머니 말씀이 귓전에 그대로 울립니다.

"이제 됐다. 이제 됐어."

목숨을 걸고서라도 정혜 만나러 가야 한다고 결심하신 어머니.

우리의 모진 현대사를 모질게 걸어오신 우리 어머니가 오늘 정말 자랑스럽고 존경스럽고 이렇게 아직까지 살아 주셔서 정말 고마울 수가 없습니다.

어머니! 감사합니다.

2부

100년의 세월, 어머니의 강

─김례정 여사 자서전

· ·

이 글은 막내아들인 우원식이 어머니 김례정 여사의 구술을 바탕으로
정리하였다. 외할아버지 김한 선생이 1923년 김상옥 의사의 종로경찰
서 폭파사건에 연루되어 재판을 받은 일은 그 당시 신문 기사와 판결문
등을 참고하여 정리하였다.

출생, 그리고 아버지 김한 선생

내 생일은 1917년 음력 9월 16일이고, 태어난 곳은 서울 마포동 224 번지다. 아버지 김한(金翰) 선생과 어머니 배명원(裵明院) 여사는 셋째 딸로 태어난 나에게 '례정'이라는 예쁜 이름을 주셨다.

내가 태어날 때 언니 '원정'은 7살이었다. 태어난 지 1년 만에 죽었다는 언니 '인정', 그리고 겨우 다섯 살로 생을 마친 남동생 '담(淡)'까지 합치면 3녀 1남인 셈이다.

아버지 김한 선생은 1887년 11월 16일 마포동 296번지에서 출생한 서울 토박이였다. 대한제국 시절에 탁지부 주사, 세무지사, 통신원 주사를 지내다가 1905년에 일본으로 건너가 동경 호세이(法政)대학 정치경제학과를 졸업한 후 변호사 자격을 취득하였다. 이후 일제가 우리나라를 강제로 합병하자 아버지는 관직과 변호사 활동을 포기하고 만주로 망명해서 독립운동을 하였고, 그 후 상해 임시정부에 참여하기 직전에 내가 태어났다.

어머니 배명원 여사는 경기도 양평에서 중매로 시집을 왔다는데, 아주 착하고 얌전한 천상 여자였다. 그렇다고 안방만 지키고 있지는 않았다. 남편이 감옥에 들어가자 가족의 생계를 위해 신발을 만드는 용산 고무공장에 나가 험한 노동도 마다 않으면서 억척스럽게 살림을 이끌어 가기도 하였다.

어릴 적에 살던 마포동 224번지는 마포나루에서부터 걸어서 30분 거리이고, 한옥 주택들이 모여 있는 조용한 동네였다. 집에서 나와 한참을 걸어가면 가게들이 나오는데, 그 가게에서 팔던 알사탕이 그렇게도 먹고 싶었던 기억이 난다.

우리 집은 원래 서울 양반집으로 꽤나 잘나가는 집안이었는데 아버지가 독립운동에 몰두하면서 어려워지기 시작했다. 그러다가 내가 7살 되던 1923년에 아버지가 투옥되면서 가세가 완전히 기울게 되었다. 아버지는 의열단원 김상옥 의사의 종로경찰서 폭탄 투척 사건에 연루되어 투옥당했다. 그래서 어머니는 고무공장에 나가 일을 하면서 생계를 꾸릴 수밖에 없었고, 살림은 늙은 할머니가 도맡아 하셨다. 사는 게 이렇게 어렵다 보니 동네 가게의 달콤한 알사탕은 그림의 떡일 수밖에 없었다.

그 가게를 지나서 좀 더 내려가면 큰길이 나오는데, 길가에 전당포가 있었고 다시 더 내려가면 전차가 다니는 길이 나왔다.

의열단 음모사건 국내책으로 연루되어 검거될 당시의
김한 선생.(1923. 3. 16일자 조선일보에 실린 사진이
다.)

처음에 우리가 살던 집은 방이 세 개짜리 기와집이었다. 안방, 건넌
방과 사랑방이 있었는데, 점점 집안이 기울어 가면서 사랑방은 세를
주었다. 그때 우리 가족은 할머니, 아버지, 어머니, 언니, 나 이렇게 다
섯이었지만 아버지는 거의 집에 있지 않았기에 세를 놓을 수 있었다.

아버지는 항상 동지들과 함께 있었기 때문에 아버지가 보고 싶을
때면 늘 어디 계신지를 먼저 수소문해서 찾아가야 했다. 그렇게 어렵
게 찾아가면 아버지는 늘 심각한 표정으로 동지들과 무슨 중요한 일을
하고 계셨다.

이제 생각해 보면 이해가 되지만, 그때는 아버지가 그리 야속할 수가 없었다. 그러다 보니 아버지에 대한 기억이 많지는 않지만, 가끔 뵙는 아버지는 조그마한 내 볼을 비비면서 '아이구, 우리 례정이! 참 예쁘구나.' 하였다. 그리곤 무릎에 앉히고 호주머니에 용돈을 넣어 주기도 했다.

어린 마음에 나는 '왜 아버지는 우리와 함께 살지 않는 걸까, 왜 아버지는 우리가 이렇게 어렵게 사는데도 돌봐 주지 않을까, 왜 아버지는 항시 친구들 하고만 있을까?' 하고 궁금하기도 하고 안타깝기도 하였다.

아버지 김한 선생은 1919년 상해 임시정부에 참여하면서 사법부

임시정부 임시사료편찬위원회 위원 일동의 기념사진(1919. 7.) 앞줄 맨 왼쪽이 김한 선생.
자료 출처 : 대한민국 임시정부 사진자료실(중국 상해)

장, 법무국 비서국장, 임시정부 사료편찬위원회 위원을 역임하였으며, 1920년 2월 조선청년연합회를 발기하고 집행위원이 되었다. 1921년 1월에는 국내 최초의 청년 독립단체인 서울청년회를 창립하였고, 이듬해 1922년에는 무산자동맹회를 결성하였다. 의열단원 김원봉을 연구한 『김원봉 연구』(염인호, 창비, 1993)에서는 이 시기의 김한 선생에 대해 이렇게 평가하고 있다.

"김한은 일제시대 초기에 조선청년연합회 집행위원이었으며 서울청년회와 무산자동맹회를 주도적으로 조직한 사람의 하나였다. 그는 특히 김사국과 함께 일제하 청년운동에 큰 영향을 끼치고 있던 서울청년회의 최고 지도자였다."

위 기록만으로도 그 시기 김한 선생이 집보다는 항상 동지들과 지내며 어쩌다가 긴장 속에서나 가끔 가족을 만날 수밖에 없었던 이유를 짐작할 수 있다.

아버지의 투옥

내가 막 7살이 되던 해, 그러니까 1923년 1월의 일이다.

조용하던 마포 집에 느닷없이 일제 순사들이 들이닥쳤다. 처음엔 대문을 두드리다가 곧바로 부수다시피 밀고 들어온 순사는 어머니를 붙들고는 아버지 있는 곳을 대라고 닦달을 했다. 나머지 순사들은 구둣발로 방까지 들어와서는 이불이며 장롱이며 닥치는 대로 마구 들쑤시고 다녀서 집안 살림을 모두 뒤집어 놓았다. 그러는 동안 나랑 언니는 혼비백산하여 건넌방에서 이불을 뒤집어쓴 채 벌벌 떨고 있었다.

갑자기 쳐들어와서 저리도 무지막지하게 덤비는 걸로 봐서는 아버지에게 무슨 일이 생긴 것 같아서 너무 불안하고 불길했다. 아무래도 큰일이 벌어진 게지 싶었다. 그때 우리는 늘 집 앞에서 감시하고 있던 일본 형사들을 '양복쟁이'라고 불렀는데, 그 양복쟁이들이랑 순사들이 어머니를 마구 다그치면서 "김한 어디 있나?"라며 닦달하는 통에

의열단 사건 기사가 실린 1923년 3월 15일자 동아일보.

어머니는 또 얼마나 마음을 졸이셨을지…….

그때 그 양복쟁이들의 날카로운 눈매를 떠올리면 아직도 가슴이 철
렁할 정도다.

양복쟁이들이 아버지를 찾았던 이유는 바로 김상옥 의사가 종로경
찰서에 폭탄을 던진 그 일 때문인데, 신문에는 '강도 예비사건'으로 기
사가 나기 시작했다. 그전까지만 해도 평화롭고 조용했던 마포의 기와
집 주택가가 술렁거린 건 물론이고, 골목 모퉁이마다 지켜선 낯선 양
복쟁이들이 지나가는 사람들을 일일이 노려보는 통에 주눅이 들어서
허리 한 번 제대로 펴보지 못하는 시간들이었다.

그런 사단이 난 지 한 열흘쯤 지났을까? 아버지는 마침내 순사들한
테 붙잡혔다.

당시 아버지 김한 선생의 공소장에서 기술된 혐의의 요지는 이렇다.

"상해에 있는 의열단원 김원봉이 조선독립자금을 조달하기 위해 조선 내에서 폭탄을 사용하여 인심을 혼란에 빠뜨리고 그 틈을 타 금품을 강탈하려 했으며 이를 위해 김한에게 폭탄을 보내고 김한은 김상옥에게 이를 전달하고 실행에 이르려다 발각되었다."

의열단원 김상옥 의사가 1923년 1월 종로경찰서에 폭탄을 투척하고 일본 경찰과 총격전을 벌이다가 장렬히 전사한 사건과 연루되었다는 것인데 지금 생각해도 이해되지 않는 부분이 몇 가지 있다.

첫째, 당시 김상옥 의사는 폭탄 투척 직후 사살되었는데 어떻게 김상옥 사건과 관련하여 이런 예비 음모가 드러날 수 있었을까?

둘째, 종로경찰서에 폭탄을 투척할 계획을 갖고 이를 실행에 옮기고 있는 사람이 금품 강탈을 위한 또 다른 폭탄 투척 계획을 동시에 진행할 수 있었을까?

아버지가 나중에 이 사건 재판의 최후 진술에서도 밝혔듯이 이 사건은 당시에 독립운동을 하고 있는 '소위 불령선인과 그 조직'을 와해시키기 위한 조작 사건일 가능성이 높다고 본다.

이런 시국사건의 경우, 증거가 분명하고 당사자가 시인을 하는 사건보다는 증거가 불분명하면서 당사자가 부인하는 사건일수록 고통을 훨씬 많이 받는 것이 보통이다.

아버지는 곧바로 투옥되었다. 형량은 1심에서는 검사 구형이 5년이었는데 정작 판사의 선고는 7년이었다. 어떻게 그런 일이 있을 수 있는지 정말 기가 막힌 일이었다. 그때 동아일보에 기사가 크게 났는데, 형량이 늘어난 이유로, 첫째는 의열단과 관련된 음모가 더 밝혀졌기 때문이고, 두 번째는 최후진술을 할 때 일제 총독정치를 비판해서 그랬단다. 한마디로 말하자면 '괘씸죄'가 덧붙어서 형이 불어난 셈이다.

당시 동아일보 1923년 5월 19일자 '자살, 제령위반! 조리 있고 유창한 연설'이라는 제하의 보도에 따르면 '김한은 세상을 비웃는 듯한 빛을 얼굴에 띠고 침착한 태도로 일어나서 대략 한 시간 가량 흐르는 물 같이 유창한 일본말로 자신의 사회관과 총독정치에 비평을 하였는데 방청석은 물론 재판장까지 그의 조리 있고 힘 있는 진술에 고개를 숙여 고요히 듣게 되었다.'라며 아버지의 최후진술을 소개하였다. 최후진술 요지는 다음과 같다.

"조선 사람은 제령(制令)을 위반하지 아니하면 자살할 수밖에 없는 운명을 가지고 있다. 사람은 고정체(固定體)가 아니요 유동체(流動體)이다. 따라서 점점 향상하고 진화하기를 요구하는 것은 사람이 살아가는 원리라. 이것은 헤겔이나 다윈이 이미 말하였으므로 나는 더 이상 말할 필요가 없으나, 조선 사람도 역시 사람이라 살기를 위하여 향상하고 진화하기를 요구할 것은 그 역시 당연한 일이 아닌가?
사람이 향상하고 진화하는 데는 혁명이라는 것이 있나니 혁명이라 하면 매우 위험한 듯이 생각하나 사실 그러한 것이 아니다. 닭의 알이 변하여 병아리가 되는 것도 혁명이요, 올챙이가 변하여 개구리가 되는 것도 혁명이라. 혁명은 우주 만물이 살아가는 자연적 법칙이니 조선 사람이 살기를 부르짖고 자유를 부르짖는 것은 사람으로서 당연한 일이요 또는 억지할 수 없는 일인즉 일본 사람은 이러한 조선 사람을 조금이라도 이해하기 바란다.

나는 시베리아로 만주로 상해로 십여 년 동안을 표랑하며 몇십 번이나 눈물과 아픔을 머금고 고생하다가 삼 년 전 조선으로 돌아올 때는 그래도 많은 기대를 가지고 왔다. 그러나 총독정치는 나의 기대를 산산히 깨쳐 버리고 불평과 원한을 품지 않을 수 없었노라. 교육으로나 산업으로나 어디를 보든지 총독정치는 조선 사람의 살기를 바라는 정치인가를 의심케 하였음이다.

나는 이번 사건에 직접 또는 내심으로 관계한 일은 없으나 어찌 되었든 이번 사건은 총독정치가 자연히 만들어낸 것인즉, 이것만을 일본 사람이 알아준다면 나는 오 년 징역은 고사하고 십 년 징역이라도 달게 받겠다."

한편 1923년 5월 13일자 조선일보는 '김한 공판 중 방청석 반응'이라는 제하의 기사에 '구형보다 2년을 가중하여 김한에게 7년 언도', '청중도 대불평—판결이 가혹하다고', '정치범에는 예(例)가 있다' 등의 중간 제목을 붙이고, '핼쓱한 얼굴은 감옥살이의 고초를 말하는 듯하여 방청석에 있는 가족으로 하여금 자연히 눈물을 흘리게 하더라', '논리가 분명한 김한의 답변에 방청객 모두가 탄복함', '피고는 조금도 급한 빛이 없이 조리 있게 나오는 답변은 실로 보는 사람들이 놀라

성황눈하판공의건사옥상집

김상옥 사건의 공판 광경. 왼쪽 위가 심문을 받고 있는 김한 선생이다.(1923. 5. 13. 조선일보)

김상옥 사건의 2차 공판 광경을 보도한 동아일보는 김한 선생의 "조선 사람은 자살을 하든지 제령(制令) 위반을 하든지 할 수밖에 없다"는 진술을 자세히 싣고 있다.

더라' 등의 해설을 덧붙여 가면서 다음과 같이 보도하고 있다.

"원래 세상의 이목을 끈 사건이기에 이날도 역시 방청객은 사면으로 구름같이 모여들어 방청석은 송곳 세울 곳 없이 빽빽하였다. 시간이 되자 병석에 있는 전우진, 리혜수 두 사람을 제외하고 피고 여섯 사람이 모두 모여 법정에 나오고 三矢 판사와 大元 검사가 입석하여 다음과 같은 판결이 있었는데 피고들의 얼굴에는 말할 수 없는 긴장한 빛이 가득하였으며 방청석까지 긴장하였다.

─김한 징역 7년, 윤익중 3년, 서병두 2년, 안홍한 1년, 정설교 1년 6월, 신화수 무죄.

이번 사건에 대하여 피고 여섯 사람 중에 다른 사람들은 구형대로 혹은 검사의 구형보다 적은 언도가 있었으나 오직 피고 김한만은 검사의 구형보다 2년을 더하여 7년의 언도가 있어서 근래 재판 판결 중에 흔히 보지 못하는 기록을 이루었으며 일반 여론도 매우 심하고 혹독하다고 말이 많았으며 불평과 원망의 소리가 많았다.

이 사건에 대하여 이 사건의 담당변호사인 허헌(許憲) 씨는 '판사가 검사의 구형보다 형기를 많이 할 수 있는 것은 판사의 자유이며 또는 사실상 이따금 있는 일이다. 그러나 이번 사건에 대하여는 대단히 유감으로 생각하며 그와 동시에 그리 잘한 일이라 볼 수가 없다. 판결의 예를 보면서 검사의 구형보다 더 많이 정한 것은 정치범에서 보는 일이요 보통 범죄는 별로 없는 일인데, 판사가 검사의 구형보다 많이 언도한 것은 생각건대 피고가 최후 진술할 때에 '제령을 위반하거나 그렇지 아니하면 자살할 외에 다른 일이 없는 비참한 운명을 가졌다.'라고 총독정치를 공격한 일이 있으며 또 피고는 의열단 사건과 기타 인권 사건과도 관계가 있는 듯하므로 엄중한 형량을 언도할 필요가 있다 하여 필경은 그와 같이 판결한 듯하다. 그러나 어찌됐건 이번 판결은 잘한 판결이라고 할 수 없으며 그와 동시에 너무나도 가혹한 판결이 아닐까 한다.'라고 말했다."

그렇게 7년형이 선고되었던 아버지는 2심에서 5년형을 받고 1928년 동경 감옥에서 만기 출소하였다.

그런데 참 묘하기도 하지, 아버지에게 닥쳤던 그 뻥튀기 형량이 당신의 외손자인 내 아들 원식이에게도 똑같이 일어났을 때는 정말 이게 무슨 일인가 싶었다. 원식이도 아버지처럼 괘씸죄가 더해졌다고 생각하니, 참 기가 막힌 노릇이었다.

원식이가 전두환 정권에서 시위하다가 잡혀갔을 때 1심에서는 1년을 받았는데 2심에서는 3년을 받았다. 원식이가 2심 재판 최후진술에서 '전두환 정권은 군사독재 정권'이라고 비판해서 그랬는가 보다.

그래서 지금도 가끔 한숨처럼 하는 말이 있다.

"이게 핏줄인가 보다. 어떻게 내 아버지에게 벌어졌던 일이 내 아들에게도 벌어지는지, 이게 다 운명이다……."

그런 생각이 든다.

아버지가 감옥 있는 동안

그렇게 감옥에 들어간 아버지는 그 안에서 5년을 지냈다. 그것도 일본 감옥으로 옮겨지면서. 처음 2년은 서대문 감옥에 있다가 중간에 동경 감옥으로 옮겨졌는데, 그게 1923년 9월인가 천황궁에 폭탄을 던지려 했다는 박렬이란 분을 알고 지냈다는 이유에서였다. 일본 경찰은 박렬 선생 사건에 아버지가 관련이 있다고 생각했는지 아버지를 일본 동경 감옥으로 옮긴 것이다.

아버지도 감옥에서 모진 고초를 겪었겠지만 그동안 서울에 남아 있던 가족들도 참 힘들었다. 감옥은, 그래서 '한 사람이 가는 게 아니라 가족이 모두 다 가는 거와 마찬가지'라는 걸 새삼 떠올린다.

그때 우리 집은 아버지 말고는 전부 다 여자들뿐이었다. 그나마 아버지가 계실 때는 얼마라도 생활비를 마련했지만 감옥에 갇힌 다음에

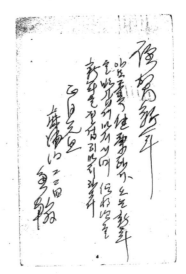

김한 선생의 필적. 서대문형무소에 있던 동지 김재봉 씨에게 보낸 신년인사 편지.

는 여자 몸으로 생계를 이어야 하는 상황이 시작되었다. 그리하여 어머니 배명원 여사는 고무신을 만드는 '룡산대륙고무공장'에 취직하였는데, 그게 지금 용산에 있었으니까 집에서 십리는 넘게 떨어져 있었다. 그래서 어머니는 새벽 일찍 집을 나서서 밤늦게야 돌아오곤 했다. 할머니는 그때 예순여덟이었는데도 살림을 도맡아 할 수밖에 없었다. 사랑채에 세를 놓았다고는 하나 그걸로는 네 식구가 입에 풀칠하기도 힘들었다.

그래도 참 다행이지, 원정 언니는 어려서부터 참 똑똑해서 공부도 잘했다. 그런 언니를 아버지의 동지들이 도와줬다. 그때 이화보통학교 한문 선생이었던 김 선생님의 도움으로 언니는 학비를 내지 않고 이화보통학교에 다닐 수 있었다.

나도 공부를 계속할 수 있었다. 그게 공덕리(지금의 공덕동)에 있는 소학교였는데, 이름은 잘 기억이 안 나지만 어느 교회 재단이 세운 학교였다. 정식 학교는 아니고 어려운 아이들을 싼 값으로 가르쳐 주는 고마운 학교였다.

당시 어머니랑 할머니는 힘드셨을지 몰라도 난 자랑스러웠다. 양복쟁이들이 노려볼 때는 한껏 움츠러들었지만, 어떤 때에는 독립운동가의 딸이라 하여 어깨가 쭉 펴지는 일도 있었다. 아버지가 동경 감옥으로 옮겨지던 해에 신문에 우리 집 이야기가 실렸다. 그게 1925년 을축년 일인데, 그러고 보니 그해는 참 좋은 일, 나쁜 일이 다 있었다.

먼저, 좋은 일은 동아일보에 우리 집 사정이 자세히 실린 일이었다. 신문에 독립운동가 김한 선생이 구속된 후에 어렵게 살고 있는 살림살이가 자세하게 실리면서 주변에서 도움의 손길이 많이 전해졌다.

아버지의 동지 분들이 찾아오는 것은 물론이고 동네 사람들도 독립운동가 집안이라고 대우를 해 주었다. 그래서 아버지가 안 계셔도, 감옥에 계셔도 그렇게 자랑스러울 수가 없었다.

이때 우리 집의 형편을 1925년 4월 1일자 동아일보는 이렇게 표현하고 있다.

김한씨의 가정: 눈물에 어린 외로운 가정

• 재작년 뜨거운 볕이 들을 녹일 듯한 여름에 서울을 비롯하여 조선 천지가 뒤끓은 의열단사건이 터지자 거기 연루자로 잡혀 들어가 5年이라는 턱없는 징역의 선고를 받고 현재 복역 중에 있는 김한(金翰)의 가정을 방문하였습니다. 지금 그의 가족은 시외 공덕리(孔德里) 142번지인데 記者가 그 집을 방문한 때는 암흑의 장막이 내려 서울 천지가 컴컴한 어느 날 저녁이었습니다. 지금 그 家族에는 괴로운 세상에 온갖 쓴맛을 맛본 어머니 李氏가 계신데 금년에 예순여덟이라고 합니다. 머리카락은 저승사자의 숨길같이 희긋희긋하나 아직도 정정하야 젊었을 때부터 곱던 그림자가 아련히 나타나며 상냥한 성질은 누구에게든지 다정하게 보입니다.

• 공규를 홀로 지키고 있는 부인 裵氏는 남편보다 한해 아래로 금년에 서른여덟인데 원정(元貞, 一四)과 례정(禮貞, 七)의 두 어린 딸을 위로로 삼고 있으며, 그밖에 식구로는 김씨의 삼촌 되시는 예순이 넘으신 내외가 같이 살고 있다.

외로운 네 식구: 살기 애쓰는 裵氏부인

• 金翰씨가 하루아침 뜻하지 아닌 길로 잡혀간 이후 네 식구는 의지할 곳 없는 신세이었습니다. 아직 젊은 裵氏부인은 연약한 체질인데도 불구하고 남편의 사식 차입, 늙으신 어머님을 공궤하기 위하여 집에서 한 십리나 되는 룡산대륙(龍山大陸) 고무공장에 작

년 정월부터 다니기 시작하야 하루 동안 고무신 한 개에 오천 원이나 육천 원하는 것을 만들어 주고 한 달에 십 원이나 조금 더 되는 돈을 얻어 겨우겨우 살림을 유지하느라고 아침 여섯시에 집을 나가 밤 일곱 시에야 돌아옵니다.

이렇게 남자 대신으로 몸에 겨운 勞動을 하는 부인의 몸이 점점 쇠약하여져서 갸름하고 고웁게 생긴 얼굴에는 온갖 고생을 나타내는 광대뼈가 나오고 눈은 기운에 지쳐 할금하게 되어 보는 이의 가슴을 아프게 합니다. 이와 같이 쓰린 세상을 악전고투하며 나아가는 婦人은 먼 용산을 오고갈 적에 외로운 신세와 추운 감방에서 콩밥을 먹고 있는 남편의 신세 또는 늙으신 어머님의 아들 그리는 정성, 어린 딸들의 아버지 찾는 소리를 연상하면서 뜨거운 눈물을 흘리는 것이 매일 常事가 되었다고 합니다.

늙으신 어머님: 나어린 두 따님

• 늙으신 어머님은 딸처럼 사랑하는 며느리를 그 괴로운 밥벌이를 시키며 자기는 늙은 몸임에도 돌보지 않고 조석으로 조밥(栗)을 지으며 며느리와 어린 손주들의 뒷바라지를 하십니다. 이 불쌍한 모습을 가엾이 여겨 공덕리 소학교에서는 무료로 작은 딸 禮貞이를 공부시키는데 금년에 아홉 살입니다. 이 작은 따님은 가끔가끔 아버지를 부르며 소리를 내여 우는 때가 많다고 합니다. 그리고 큰따님 元貞이는 아버님 金翰씨가 제일 귀여워하는 딸인데 이화학교 보통과 6학년에 다닙니다. 그 어머님과 부인은 두 달

에 한 번씩 하는 면회와 편지를 유일한 樂으로 어서어서 날과 밤이 지나서 出監하는 날을 기다리는데 金翰씨는 지난해 동지달에 면회한 후로는 박렬(朴烈)사건의 증인으로 동경(東京)으로 정월에 간 후 아직까지 나오지 않았는데 來月쯤은 朝鮮으로 나오리라 하여 그 가족은 날마다 어서 돌아와 면회하기를 고대고대 하는 중입니다.

먹는 것이 조밥: 겨울에도 냉돌방에서

• 조석을 조밥으로 호구하여 가는 중인데 밤에는 조그마한 사기 등잔에 깜박깜박하는 실불이 겨우 사람 얼굴을 비쳐 희미하게 알아볼 뿐이요. 낡아서 쓰러지는 방은 항상 냉돌입니다. 그 어머니는 기자를 향하여 「이렇게 궁한 생활을 하는 우리를 찾아 주시니 고맙소이다. 이 늙은 몸이 그때까지 앉아서 아들을 볼지 모르겠으나 하여간 젊은 며느리의 불쌍한 정경을 보아 하루라도 더 살아 있어야 하겠습니다. 때때로 내 가슴이 미여지고 터지는 때가 많으나 참고 참습니다. 어린 소녀의 아비 찾는 소리를 들을 때마다 나는 이 원수의 세상을 저주할 수밖에 없습니다.」하며 늙어 주름진 얼굴에 슬픈 빛을 띠며 눈이 그렁그렁하여 이야기하더이다.

(동아일보 大正 14년(1925) 4월1일 수요일→별지부록기사(二), 1677호. 가능한 한 기사 원문을 그대로 옮기고, 띄어쓰기만 읽기 쉽게 고쳤다.)

감옥 탐방기사
(1925. 1. 1. 동아일보)

김한 선생의 가정 형편을 소개한 동아일보 기사(1925. 4. 1.)

나쁜 일은 동네에 홍수가 난 거였다. 하필 그해 여름에 공덕리가 전부 홍수에 잠겨 버렸다. 홍수도 엄청난 대홍수였다.

우리 집도 순식간에 물에 완전히 잠겨 버려서 가재도구고 뭐고 하나도 건지지 못한 채 그냥 몸만 빠져나와야 했다. 그래서 한 열흘 넘게 학교에 마련된 이재민 수용소에서 지냈다. 하루아침에 집이 없어지니 얼마나 허망하고 처량하던지…….

물이 다 빠지고 나서 집에 가보니까 집의 절반이 폭삭 주저앉아 있었다. 그나마 안방은 무너지지 않아서 그 반쪽짜리 집, 안방 하나에 네 식구가 다 같이 살게 됐다.

1928년 아버지가 돌아오시던 날은 지금도 생생하게 기억이 난다. 가난에, 물난리에 그렇게 힘들게 보내다가 내가 열두 살이 됐을 때였지. 삼 년 전 을축년 대홍수에 무너져서 단칸방이 된 집으로 아버지가 돌아오셨다.

일곱 살부터 못 뵈고 먼 나라에서 감옥살이를 하시던 아버지, 집안을 안 돌보셔서 어머니와 할머니를 힘들게 하셨지만 한편으로는 자랑스러운 독립운동가였기에 내가 어깨에 힘주고 다닐 수 있게 해 준 아버지가 오 년만에야 돌아오신 것이다.

지금도 그때를 생각하면 그렇다. 다른 집과 달리 가정을 돌보지 않는 아버지, 양복쟁이들한테 주눅 들게 한 아버지가 야속하고 원망스럽기도 했다. 그러면서도 한편으로는 자랑스러운 독립운동가 아버지, 어릴 적 나를 예뻐해 주셨던 아버지, 몇 년 동안 못 보아 그리웠던 아버지가 나타나신 거다.

나는 이분이 정말 내 아버지가 맞나 하는 두근두근 하는 마음으로 두 팔 벌린 아버지 품안에 안겼다. 그리고는 대야에다 따뜻한 물을 받아서 아버지의 발을 닦아 드렸다. 그게 아마 처음이자 마지막이었을 게다. 아버지는 내 볼을 비비면서 "이렇게 다 자란 처녀가 발을 닦아 주어도 되나?" 하시면서도 껄껄껄 즐거워하셨다.

어떻게 반갑고 서럽고 안타깝고 행복하고 그런 복잡한 마음이 있는 지……. 지금도 그때 생각만 하면 찡하고 가슴이 먹먹하고 한없이 뭉클거리는 감정이 솟는다.

이화학교에 들어가다

아버지는 감옥에서 나온 후 한참을 식구들과 함께 지냈다. 오랜 수감 생활 때문에 건강이 나빠졌기 때문이었다.

우리 가족은 을축년 대홍수 때 허물어진 반쪽짜리 집 단칸방에서 다섯 식구가 함께 살았다. 비록 좁은 집이었지만 그래도 아버지와 같이 온 가족이 함께 지냈던 이 시기는 참 행복했다. 그러나 그때가 아버지와 함께 살았던 유일한 시간이 될 줄은 몰랐다.

이듬해 우리는 아버지 동지들의 도움을 얻어 서울역 근방 천연동으로 집을 옮기게 되었다. 그 집은 방이 네 칸 있었는데, 우리 집은 한 칸만 사용하고 나머지 세 칸은 하숙을 놓게 되었다. 가족들이 지내는 공간이 늘지는 않았지만 하숙으로 얻는 수입이 있어 그나마 생활의 기반을 잡을 수는 있게 되었다.

어머니는 고무공장 일을 그만두고 아버지의 건강 챙기는 일과 하숙생들 관리하는 일에 전념하면서 생활을 꾸려 갈 수 있었다. 비록 집안 살림이 넉넉하지는 않았지만 아버지께서 감옥에서 나와 가족들이 다 함께 사는 생활이라 내게는 더 없이 만족스러웠던 것 같다.

시간이 흘러 어느덧 나도 새로운 학교로 진학해야 했다. 공덕리 소학교는 학비는 무료였지만 4년제인 데다가 공인 교육기관도 아니었기 때문에 나는 공덕리 소학교 4년을 마치고 아현소학교 5학년으로 전학을 가야 했다.

이 무렵 원정 언니는 이화보육전문학교를 다니고 있었고, 나 역시 어려운 살림살이지만 나름대로 공부를 꽤 잘했기 때문에 상급학교로 진학하고 싶었다. 운이 좋았던 걸까? 아현소학교 5학년을 마칠 무렵, 언니를 도와주었던 그 이화학교 김 선생님이 나까지도 이화보통학교 6학년으로 전학시키고 학비 일체를 대 주었다. 우리 자매를 도와주신 그 김 선생님은 아버지를 몹시 존경하는 분이었는데, 아버지와 마찬가지로 독립운동을 하던 분이라고 기억한다.

김 선생님은 늘 우리 집안을 혁명가, 독립운동가의 집안이라고 칭찬해 주었다. 그래서 원정 언니도 이화중학교에서부터 이화보육전문학교까지 전액 무료로 지원해 주고, 나 또한 이화보통학교로 옮겨 주었을 뿐 아니라 중학교까지 이끌어 준 것이다. 참으로 고마운 분이었다.

당시 중학에 들어갈 때는 보통학교에서 공부 잘하는 아이 4~5명을 무시험으로 선출하는 제도가 있었는데 나는 이 제도로 선출되었다.

그렇게 이화중학에 들어가니 절로 어깨가 으쓱해졌다. 검정 치마에 자주 저고리 교복이 멋지기도 했지만, 당시 여자 중학이라고는 서울

아버지 김한 선생(가운데)과 동지들

장안에 경기, 이화, 배화, 정신 정도밖에 없었기 때문에 이화중학에 다
닌다는 것만으로도 아주 자랑스러운 일이었으니까…… 게다가 주변
에서도 제일로 알아주는 학교였으니까 말이다.

나는 특히 그 자주색 저고리가 아주 마음에 들었다. 그 예뻤던 자주
색은 아직도 기억에 또렷하게 남아 있다. 검은 양말에 운동화도 동네
친구들에게는 선망의 대상이 되었다. 어깨는 저절로 으쓱 올라갔고,
다리와 허리는 곧게 하고, 가슴은 쑥 내밀고, 목을 꼿꼿이 세우며 걸어

다녔다. 매일매일 학교 가는 길은 솜구름 위를 걷는 것처럼 가벼운 길이었다.

천연동 집을 출발해서 행촌동 고개 너머 한참을 걸어가면 서대문 전찻길이 나온다. 이 전찻길을 따라가다 길을 건너면 정동으로 들어선다. 정동에는 외국 대사관이 으리으리하게 서 있었는데 그 대사관은 아마도 지금의 러시아 대사관이었을 것으로 생각된다.

언제부턴가 이 길은 내게 희망의 길이 되었다. 전차와 대사관은 새로운 시대의 상징이었고 이 새로운 시대의 상징물 속에서 미래로 향한 나의 꿈도 곧게 뻗어 있었으니까. 그리고 난 그 길을 매일 걷고 있었으니까…….

정동길을 따라 들어가면 이화학교 후문으로 들어서고, 후문으로 들어서면 왼쪽에는 이화전문학교가 있다. 그 앞의 넓은 잔디밭 정원을 거쳐 조금 더 들어가면 우리 교실이 있는 교사가 나온다. 그렇게 학교에 도착하면 나를 이끌어 주신 한문 담당 김 선생님께서 언제나 활짝 웃는 얼굴로 예뻐해 주셨다.

집에서 학교까지 약 30분 정도 걸리는 거리였는데, 전차비가 없어 매일 걸어야 했지만 오히려 내게는 꿈같이 행복한 길이었다.

말하기는 쑥스럽지만 공부는 아주 열심히 했기에 잘하는 편이었다. 그중에서도 영어회화가 특히 재미있는 과목이었다. 그때는 1년 3학기제여서 영어회화는 1, 2학기 때는 말로만 배우고 3학기부터 알파벳 스펠링을 배웠는데, 영어회화 선생님이 아주 열성적으로 가르쳐 주신 기억이 난다.

농구도 열심히 했다. 그때 농구팀을 이끌던 선생님은 나중에 이화여고 교장도 지내신 서명학 선생님이었다. 성함까지 기억하는 이유는 아주 젊은 여자 선생님이었는데, 농구도 열심히 가르쳐 주시는 데다 나를 몹시 예뻐하고 귀여워해 주셨기 때문이다. 나는 아직도 그분께서 가르쳐 주신 농구와 그분의 깊은 애정을 나의 마음속에 차곡차곡 간직하고 있다.

한껏 희망과 기쁨으로 가득했던 그 시절, 이화중학교를 다니던 그때, 집안은 가난했지만 아버지에 대한 자부심과 나 자신에 대한 자부심으로 가득했던 여중 1학년이었다. 검은 치마에 자주 저고리가 자랑스러워 허리 펴고 가슴을 내밀고 활기차게 정동길을 걷던 그 시절, 또한 라이너 마리아 릴케를 읽으며 눈물을 글썽거리던 그 사춘기 소녀 시절…….

그 무렵 아버지 김한 선생은 오랜 휴식과 몸조리를 마치고 다시 독립운동의 전면에 나서게 되었다.

1929년 6월 좌우합작 독립단체인 신간회 복대표위원회(複代表委員會)에서 중앙집행위원으로 선출되어 국내 독립운동의 총지휘자로 자리를 옮기면서 다시 집에서는 보기 어렵게 되고 말았다.

이화중학을 포기하고 서울여상으로 가다

그렇게 꿈같은 나의 중학 1학년 시절. 아버지가 돌아오신 행복과 자부심과 미래에 대한 부푼 희망…… 어느 것 하나 아름답지 않은 것이 없었지만 현실은 내 생각과는 다르게 흘러갔다. 철이 들었던 것일까? 나는 현실에 눈을 뜨면서 깊은 고민을 갖게 되었다.

오랜 수감생활로 몸조리를 하던 아버지는 회복되자마자 다시 독립운동에 나섰고, 천연동 집이 좀 넓어서 하숙을 치고는 있었지만 그것만으로는 생활에 큰 도움이 되지 못했다. 어머니는 신발공장을 그만두고 하숙 치는 일과 아버지 병구완에 힘을 쏟았기에 아버지가 돌아오셨다 해도 어려운 살림에는 크게 보탬이 되지 못했다.

마침 원정 언니가 2년제 이화보육전문학교를 마치면서 집안 형편이 좀 나아질까 기대했지만 그렇지도 못했다. 언니는 졸업 후 수원의 유치원에 보육교사로 취직했지만 혼자만의 생활조차 겨우 유지할 수 있을 정도여서 어려운 살림에 도움이 되지는 못한 것이다.

이화학교 1학년을 마칠 때쯤, 이제 철이 들었는지 어려운 집안 살림을 헤쳐 나가는 버거운 일을 어머니에게만 맡겨서는 안 되겠다는 생각이 나를 짓눌렀다.

나는 두 가닥 갈림길에서 고민해야만 했다. 하나는 이화학교 중·고등과정 5년을 거치고 전문학교까지 앞으로 6~7년 공부를 더 하고 싶다는 욕심이었다. 예쁜 자주 저고리를 입고 전차와 대사관이 상징하는 미래의 주인공이 되기 위해 계속 공부를 하고 싶다는 생각이 간절했던 것이다.

그러나 다른 한편으로는 공부를 많이 하고도 언니처럼 살림에 별로 도움이 되지 않으면 곤란하지 않을까, 그러니 '학교를 빨리 마치고 어려운 살림살이에 조금이라도 도움이 되어야겠다.'는 절박한 생각이 함께 들었다.

결국 나는 두 번째 길을 선택하여 오랫동안 살림에 힘들어 하셨던 어머니를 돕기로 마음먹었다. 그래서 나는 이화중학을 1년까지만 마치고, 졸업 후 곧바로 취업이 가능한 3년제 서울여자상업학교(당시에는 경성여자상업학교였는데 광복 후 서울여자상업학교로 이름을 바꾸어 지금에 이르고 있다. 이하 서울여상으로 통일.)로 옮겨야겠다고 결심했다.

2학년 편입시험을 치른 나는 거뜬하게 합격했다. 그때까지만 해도 유일한 여자상업학교였던 서울여상은 졸업만 하면 취직이 곧바로 되는 학교였기에 그 학교에 합격한 나는 그때부터 2년 후 졸업만 하면 곧 취직해서 돈을 벌 수 있다는 생각에 들뜨곤 했다.

하지만 합격의 기쁨도 잠시, 학교를 옮기면서 다시 큰 어려움에 부딪치게 되었다. 이화중학에서는 한문과 김 선생님의 절대적인 도움이 있어서 학비 등의 걱정이 전혀 없었다. 그러나 서울여상으로 학교가 바뀌게 되니 학비는커녕 책을 살 돈도, 양장식 교복을 살 돈도 마련되어 있지 않았다.

그때 나는 또다시 신망이 높던 독립운동가 아버지를 둔 덕을 볼 수 있었다. 비록 아버지는 집에 계시지 않았지만 마침 찾아오신 아버지의 동지 양재식 선생에게 이러한 걱정을 말씀드린 적이 있었는데, 며칠 후 아버지의 또 다른 동지 어구선 선생이 나의 학비와 입학에 필요한 일체의 돈을 건네주셨다. 우리 집의 어려운 사정을 들은 양재식 선생이 동지들에게 전했고, 그래서 모금이 이루어졌다는 말과 함께……

얼마나 고마웠는지 모른다. 비록 집에 계시지는 않았지만 아버지께서 집안 소식을 듣고 조치를 취해 주셨을 것이라고 지금도 믿는다.

아버지 동지들의 고마운 모금으로 장만한 서울여상의 교복은 이화중학보다 훨씬 세련되고 예뻤다. 수박색의 치마, 하얀 바탕에 푸른색과 붉은색이 함께 어우러진 3색의 줄이 있는 양장식의 멋진 현대식 교복이었다.

이화중학을 그만두고 서울여상으로 옮길 때, 어머니를 돕겠다는 마음이 강하기는 했지만 이화중학에서의 낭만적인 시간들이 아쉽지 않은 것은 아니었다. 어머니를 돕겠다는 기특한 생각을 하면서도 한편으로는 부푼 꿈을 좇던 시절, 그렇게 조금 흔들리는 마음을 단단하게 잡아 주는 데는 세련된 교복도 한몫을 했다. 새로운 학교의 멋진 교복은 내가 결심한 새로운 일 역시 멋지게 풀려 나갈 것이라는 믿음을 갖게 해 주었다. 낭만보다 현실을 선택했지만 아직까지도 가슴 한 켠에는 '멋진 교복'이라는 낭만이 남아 있었던 셈이다.

이화중학에서는 좋은 성적을 냈지만, 서울여상 2학년으로 전학하고서는 공부에 애를 먹었다. 바로 영어와 주산이라는 큰 벽에 부딪힌 것이다.

이화중학에서의 영어회화는 재미있고 자신 있는 과목이라 성적도 우수했지만 수업과정은 책 없이 말로만 하는 회화가 2학기까지, 영어 알파벳을 배우는 것은 3학기부터였다. 하지만 서울여상에서는 이미 1학년 때 영어 교과서를 가지고 수업하면서 모든 학생들이 영어책을 줄줄줄 읽을 정도로 수업 진도가 빨랐다. 그러니 아직 알파벳도 배우지 못한 내게는 너무나 어려운 과제였다.

또 주산도 문제였다.

그때까지 주판이라는 건 구경도 못해 본 나와는 달리, 서울여상의 모든 학생들은 이미 주판 놓는 기술이 보통을 넘고 있었다. 지금은 계산기를 이용하지만 그때는 주판이 상업학교의 필수적인 도구였다. 주판을 잘 놓으려면 많은 노력과 숙달이 필요했기 때문에 주산 성적이 바닥이었던 것은 당연한 일이었다.

그렇게 아무 경험이 없던 영어와 주산은 도저히 따라갈 수 없었다. 오죽하면 2학년 1학기의 성적에서 영어는 31점, 주산은 50점을 받았을까. 다른 과목의 성적에 비해서도 현격하게 차이가 날 뿐 아니라 이 두 과목은 반에서도 최하위 점수를 받았다. 거의 꼴찌였다.

그전까지 반에서 1, 2등을 다투던 내게 이런 성적은 큰 상처가 되었다. 자존심도 많이 상해서 이를 악물고 다른 친구들을 쫓아가려고 노력했다.

주산 선생님은 당시 경성제대(현 서울대학교)를 다니던 홍봉준 선생님이었는데 수업을 마치고 찾아가면 언제나 친절하게 잘 가르쳐 주셨다. 매일매일 주판을 가지고 홍 선생님을 찾아가 주산 공부를 하고 아울러 집에서도 쉴 틈 없이 연습을 하니 3학년 때는 웬만큼 쫓아갈 수 있게 되었다.

영어 과목을 맡은 분은 임형수 선생님으로, 40세 넘은 여자 선생님이었다. 학기 중에는 주산 연습만으로도 바쁘고 힘들었기 때문에 영어

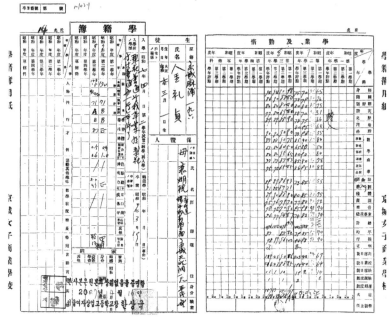

경성여자상업고등학교(서울여상) 학적부와 성적표. 주산과 영어 성적이 좋지 않은 게 한눈에 드러난다.

는 방학 중에 집중하기로 했다. 나는 방학하던 다음 날부터 방학 기간 내내 선생님 댁까지 쫓아다니면서 영어를 배웠다. 임 선생님 집은 천연동 우리 집에서 걸으면 30분 정도 되는 거리였는데, 멋진 정원이 있는 좋은 집이었다. 방학 기간 내내 임 선생님 댁을 들락거린 덕분에 영어 역시 3학년 때는 친구들과 비슷한 실력이 되었다.

다른 것은 어쩔 수 없더라도 공부만큼은 뒤처지고 싶지 않았다.

공부가 힘들 때마다 이화여중에서 서울여상으로 전학한 이유를 다시 떠올리곤 했다. 나에게는 하루빨리 당당한 생활인이 되고 싶다는 분명한 이유가 있었다. 하루하루 빠듯한 생활을 꾸려 가느라, 독립운동 때문에 집에 안 계시는 아버지 역할을 대신하느라, 80이 다된 시어머니 모시느라 고생하시는 어머니를 도와드리고자 했던 굳은 결심이 있었기에 공부도 치열하게 했으며, 필요한 것이 있으면 선생님들을 찾아가서라도 꼭 배우고야 말았다. 서울여상에서 그렇게 열심히 공부하는 자세를 익힌 것이 아마도 나중에 힘든 일들을 견뎌 내는 데 큰 도움이 되었던 것 같다.

그때 품었던 '어머니를 돕겠다'는 마음은 요즘 표현으로 하면 '강한 동기부여'가 아니었나 싶다.

서울여상을 졸업할 때의 성적은 90여 명 졸업생 중에서 10등 정도였다. 친구들이 3년 동안 배운 기능들을 2년 동안 쫓아가느라 더욱 열심히 해야 했던 시간이지만 그렇다고 책상 앞에 앉아서 공부만 한 것은 아니었다. 이화중학에서 농구를 좋아했던 것처럼 서울여상에서도 운동을 배웠는데, 당시 나는 서울여상의 정구 선수가 되어 있었다.

서울여상 7회 동기생들과 야유회를 가서.(서 있는 앞줄 왼쪽에서 네 번째가 례정)

라켓은 어떻게 구했는지 기억이 없다. 당시 집안 살림이 라켓을 살수 있을 정도는 아니었으니 아마도 학교에 보관되어 있던 게 아닐까 생각한다.

학교 마당에 정구 코트가 있어서 한두 번 해보다가 재미가 붙었다. 때로는 수업이 끝난 후 밤늦게까지 정구를 치다 가곤 했다. 같이 정구를 치던 친구는 '오사마'라고 불렸던 차규복인데, 이 친구는 뚱뚱하긴 했지만 나처럼 정구를 좋아해서 둘이 함께 정구를 자주 쳤다. 그리곤 땀 흘리고 돌아가는 길에 규복이 사 주는 중국빵, 중국 호떡은 참으로 꿀맛이었다.

3학년 때는 전국 소년소녀체전에 정구 선수로 출전했다. 지금은 동대문역사문화공원으로 탈바꿈한 서울운동장에서 서울 예선전이 벌어졌는데 그 예선에서 아깝게 떨어졌다.

나는 서울여상 7회 졸업생이다. 그 7회 졸업생 동창회가 언제부터 시작되었는지 분명히 기억나지는 않지만 스물 몇 살 때부터 명동 한일관에서 한 달에 한 번씩 동창회를 가졌다. 졸업 기수마다 대표를 한 명씩 뽑았는데, 나는 서른 살 때부터 7회 동창 대표를 맡았다. 이후 95세가 된 지금까지 60년이 넘도록 대표를 맡고 있다.

하긴 7회 동기 중에 아직 세상에 있는 사람은 나를 포함해서 단 두 명뿐이기 때문에 한 20년 전부터는 새로운 대표를 뽑을 수도 없게 되었다. 결국 서울여상 7회 대표직은 종신직이 되어 버린 셈이다.

95세, 굽이굽이 오랜 인생의 마무리 지점에 있는 지금, 서울여상 7회 대표라는 이 소임은 내가 가장 자랑스럽게 여기는 일 중의 하나다. 서울여상 총동창회에서 보내는 '7회 대표로 동창회에 참석해 달라'는 편지가 작년까지도 왔다.

나는 '서울여상 7회 졸업생 대표 김례정'이다.

庭球

서울여상 졸업앨범에 실린 정구반 사진. 점선 원 안이 김례정

서울여상 졸업앨범에 실린 김례정(윗줄 맨 왼쪽).

살림을 책임지다

공덕리 소학교, 아현소학교, 이화보통학교를 거쳐 이화중학교를 다니다 서울여상을 거치는 사이, 1931년 겨울에 아버지 김한 선생의 일로 또다시 어려움이 닥쳤다.

1929년 6월 신간회 복대표위원회에서 중앙집행위원으로 선출된 아버지에게 1931년 12월에 벌어진 신간회 사건과 관련해서 또다시 체포령이 떨어졌다.

다행히 아버지는 일본 순사들의 체포를 피해 연해주로 몸을 숨겼으나, 이 일 때문에 집안은 다시 엉망진창이 되고 말았다.

이 일 역시 동아일보에 보도가 되었는데, 몇 차례에 걸쳐 집을 샅샅이 뒤진 것도 모자라 수시로 어머니를 경찰서로 불러 닦달을 해댔다. 아버지의 종적을 찾지 못한 일본 경찰들은 내가 학교 다니는 길목은 물론, 이화학교, 서울여상 등 학교에까지 감시의 눈을 거두지 않았다.

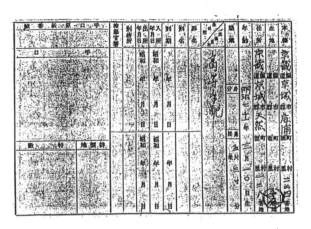

신간회 사건 당시 도피하여 고등수배자로 되어 있는 일본 경찰 기록부.(국사편
찬위원회 보관)

 그런 일본 경찰들의 감시에 움츠러들기는 했지만 아버지가 그들에게 잡히지 않은 것은 다행한 일이었다. 나는 아버지가 어디 일본 경찰의 손이 미치지 않는 곳까지 멀리 달아나서 그곳에서 독립운동을 잘 꾸려 나가실 것을 믿고 또 기도했다.

 이 일이 있고 난 후로 아버지의 소식은 완전히 끊어지고 말았다. 나중에 광복되고 나서야 짤막한 소식을 들을 수 있었다. 연해주에서 돌아가셨다는…….

한바탕 소용돌이가 지나가고 집안은 비록 겉모습뿐일지언정 차차 안정을 찾아갔다. 나는 서울여상을 졸업한 후 곧바로 을지로에서 일본 사람이 경영하던 화재보험회사에 취직을 해서 집안에 경제적으로 보탬을 줄 수 있게 되었다.

여전히 수원에서 유치원 보육교사를 하고 있었던 언니는 생활에도 빠듯한 월급이라 집에 도움이 되지 못했지만, 내가 다니던 보험회사는 월급이 제법 두둑했다. 그 덕에 집안 살림은 차츰 안정되어 갔다. 아마 처음 맞는 여유 있는 생활이었지 싶다.

차츰 수입이 늘어나면서 굳이 힘들게 하숙을 놓지 않아도 할머니를 모실 수 있을 만큼이 되자, 우리 가족은 천연동 집을 팔고 돈암동으로 이사를 했다. 그때 내 나이가 17살이었다. 나이는 어렸지만 어찌되었든 아버지가 안 계신 한 집안의 가장 역할을 하게 되면서 어머니도 편하게 모실 수 있었다. 멀리 계신 아버지도 안심하셨을 것이다.

우제화를 만나다

천연동에 살 때의 일이다.

내가 아직 서울여상에 다니던 1933년, 집에 새로운 하숙생이 들어왔다. 이름은 우제화. 그 사람은 또 다른 상업학교였던 실업전수학교(지금 북아현동에 있는 한성고등학교의 전신) 2학년에 다니고 있던 4살 위의 청년이었다.

서울여상 선배였던 3학년 언니 하나가 그 학생에게 마음이 있었는지 여러 차례 천연동 하숙집까지 찾아와 공연히 말을 걸기도 하고 눈치를 주곤 했다. 어느 날은 선배가 예쁜 포장지에 꽃을 달아 선물을 갖고 오기도 했다. 나는 좋으시겠다면서 전해 주었지만 그는 선물을 바로 쓰레기통에 넣어 버렸다.

그렇다고 우제화 학생이 모두에게 통명스러웠냐 하면 그건 아니었다. 집에는 세 사람의 하숙생이 있었다. 그는 가끔 편지를 적어 다른 두 명의 하숙생 몰래 내 손에 쥐어 주곤 했다. 그 하숙생 우제화는 하숙집 딸인 나를 마음에 두고 있었던 거였다. 그래서 다른 여학생들이 관심을 보여도 무관심했던 거였다.

편지를 이틀이 멀다 하고 쥐어 주었지만, 나는 처음에는 거들떠보지도 않았다. 그래도 편지를 끊이지 않고 보내왔다. 정성도 이런 정성이 없다 싶어 조금 마음을 열어 주기로 했다. 그리고 가만히 편지를 열어 보았다.

편지 내용은 너무 오래전이라 기억이 가물가물하지만 당시 분위기로는 '사랑한다'는 단어는 사용할 수 없는 금지어였기 때문에 '사랑'

젊은 시절 남편의 모습

이라는 글자를 보지는 못했다. 하지만 그 편지에 그이가 정성을 다해 무언가 말하려 한다는 것, 때로는 열정적으로 자신의 미래와 희망을 말하려고 했던 것은 생각난다.

계속해서 전달되어 오는 그의 편지를 받으며 처음에는 이것이 사랑한다는 표현인지 알 수 없었지만, 편지가 거듭될수록 그것을 희미하게 느낄 수 있었다. 그때의 연애편지란 그런 것이었다.

어쨌든 그 정성 어린 편지 작전은 성공하고 있었다. 우제화가 차츰 눈에 들어오기 시작했다.

편지 외에도 끈질긴 애정 공세가 이어졌다. 크게 두 가지였다.

내가 보험회사에 취직을 해서 집안 형편이 나아지면서 하숙 치는 일을 그만두고 돈암동으로 이사를 갈 때, 다른 하숙생들과 달리 우제화만은 하숙을 계속하게 해 달라고 졸라서 돈암동에서 딱 1년 동안 함께 살게 된 일이 그 하나다.

두 번째는 내가 근무하는 회사로 계속 전화를 했던 일이다. 그때쯤 그도 실업전수학교를 졸업하고 서대문에 있는 금융조합에 취직을 했는데, 취직하고 난 후 거의 매일 내가 다니던 을지로의 보험회사로 전화를 걸어 왔다. 하도 전화가 많이 오니 곤란할 때도 있었는데 결국 이 전화는 그와 내가 맺어진 디딤돌이 되었다.

엄청난 그의 전화 공세에 놀란 보험회사 소장님이 대체 누구냐고 다그쳤고 당황한 나는 "약혼자예요."라고 대답해 버린 것이다.

사실이든 아니든 약혼자라고 대답해 버렸으니 그때부터 마음속으로 받아들이는 단계가 되었다. 그리고 그도 더 당당하게 나에게 다가

설 수 있게 되었다.

제화는 매일 퇴근 시간에 맞춰 전화를 했고, 보험회사가 있는 을지로쯤에서 만나 내가 좋아하는 만둣국을 사 먹는 것이 데이트 코스가 되었다. 그 데이트 코스는 을지로에서 전차를 타고 종점인 창경원에서 내려서 돈암동 집까지 함께 걷는 길로 마무리됐다. 이 코스는 제화가 돈암동에서 함께 살지 않게 된 후에도 이어졌다.

그 시절에 잊혀지지 않는 장면은 사실 그리 큰일이 아니다. 사소한 일에 감동을 받은 걸 보면 그때 이미 그 사람에게 마음을 주었던 게 아닐까? 돈암동 집에서 제화가 하숙생으로 함께 살 때의 일이다.

외출하고 돌아오는 길에 큰 비를 만난 적이 있다. 억수같이 쏟아지는 비에 걱정이 되었는지 그이가 돈암동 동네 어귀까지 우산을 들고 나와 기다리고 있었다. 그저 우산을 들고 빗속에 서 있을 뿐이었는데도 '아, 저 사람이 나를 진정 위해 주고 있구나.' 하고 느낄 수 있었다.

결혼하기 한 해 전, 그러니까 1935년 가을쯤 된 것 같다. 그가 돈암동 우리 집에서 나와 서대문의 여관집에서 하숙을 할 때의 일이다.

그날은 효자동에서 만나서 저녁을 함께했다. 물론 음식 메뉴의 선택권은 내게 있었고 당연히 나는 좋아하는 만둣국을 먹고 광화문쯤에서 헤어지는 길이었다. 잘 가시라 인사할 시간이었다.

느닷없이, 처음으로 제화가, 그가 악수를 청해 왔다.

그 시절에는 아무리 사랑이 깊어도 키스나 뽀뽀 같은 것은 상상도 할 수 없는 일이었고 가장 진한 애정의 표현이 바로 손을 잡는 것이었다. 그러니 그가 악수를 청한 것은 내게 청혼한 것과 같은 의미였다.

나는, 그의 악수 요청에 응했다. 아니, 그의 손을 꼭 잡았고 마음으로 그의 청혼에 응했다.

돌아오는 길에 그와 맞잡았던 손, 그리고 얼굴이 빨갛게, 뜨겁게 달아올랐다. 심장은 쿵더쿵 두둥둥, 꼭 방앗간의 방아처럼 울렸더랬다.

그이는 진심으로 나를 사랑해 주었다. 그 후 평생을 살면서 그이의 사랑을 항상 확인할 수 있었다. 그는 아무리 사소한 것이라도 나의 부탁을 거절한 적이 한 번도 없었다. 어려운 일도 있었지만 그는 언제나 내 편에서 함께해 주었다.

드디어 제화가 청혼을 하였을 때, 이미 하숙집 주인으로서 제화의 사는 모습을 유심히 지켜본 어머니도 '그 사람 괜찮은 사람'이라 하시며 흔쾌히 허락해 주셨다. 그렇게 우린 1936년 5월 2일, 을지로의 '식도원'이라는 예식장에서 결혼식을 올렸다. 그때 내 나이 스물, 그이는 스물넷이었다.

신접살림은 그이가 마련했다. 겨우 7평에 방 두 칸짜리 작은 집이었지만, 우린 그 서대문 행촌동 집에서 행복한 신혼생활을 시작했다.

남편의 거짓, 그리고 성공

결혼 후 남편의 일은 순풍에 돛을 단듯 잘 풀려 나가기 시작했다. 금융조합에서의 월급이 꽤나 넉넉했기 때문에 나는 회사를 그만두어도 될 만큼 경제적으로 여유로워지기 시작했다. 남편은 모교인 한성고등학교의 교주(지금의 이사장)였던 김기덕 씨의 눈에 들어 당시로는 꽤 큰 종합상사 격인 김기덕 상점으로 직장을 옮겼는데, 상점 주인인 김기덕 씨를 대신하는 지배인 격이어서 월급도 제법 많이 받게 되었다. 살림이 넉넉해지면서 어머니께 함께 사시자고 말씀드렸지만 어머니는 돈암동 집에 혼자 지내는 게 편하다 하셨다. 나는 매달 생활비만큼은 꼬박꼬박 챙겨 드렸다. 남편은 나의 그간 고생에 보답이라도 하듯 아현동에 2층집을 지어 주었다.

신혼은 참 행복했다. 오랫동안 자리를 비운 아버지의 자리를 남편이 채워 주었다. 그렇게 여자로서의 행복의 절정에 있을 때 첫아이, 영식이 들어섰다. 처음 아이의 태동을 느꼈을 때의 감동을 뭐라고 표현할 수 있을까. 그 아이가 뱃속에서 무럭무럭 자라나 마침내 태어나고 처음 젖을 물었을 때의 감동이란 어미가 아닌 이들은 아마 영원히 알 수 없을 것이다. 남편도 아들이 태어나자 기쁨을 감추지 못했다.

살이 닿고 아이가 태어나면 부부의 정은 더욱 깊어진다. 그리고 다시 딸 정혜를 얻었다. 행복한 2층집엔 영식과 정혜의 재롱에 늘 웃음이 떠나지 않았다. 아버지만 어서 돌아오신다면, 돌아오셔서 이 아이들의 사랑스러운 웃음과 재롱을 보실 수만 있다면…… 한 가지 소원이 있다면 이때의 행복을 아버지에게 보여 드리고 싶은 마음뿐이었다.

그러던 어느 날이었다.

남편이 아직 회사에 있는 시각, 집으로 예상치 못한 손님이 불쑥 찾아왔다. 남편의 본가에서 온 계집종이었다. 아무리 심부름을 하는 계집종이라 해도 황해도 연백에서 서울까지 어지간한 일로는 찾아오지 않을 텐데……. 더구나 남편은 나에게 제대로 고향집에 대해 이야기한 적이 없었다. 단 한 번도 만난 적 없는 시부모님이 보낸 계집종. 별안간 뼈마디에 불안한 바람이 깃들었다.

찾아온 계집종은 그다지 호의적이지 않았다. 그녀는 눈을 복숭아씨처럼 치켜뜨고는 이곳저곳을 둘러보더니 툭툭거리며 불쑥 남편을 찾았다. 그러나 아무리 종이라고는 해도 먼 길을 힘들게 온 이에게 차마 나쁘게 대할 수 없었고, 남편의 고향집 소식도 들을 수 있겠다 싶어 남편이 올 동안 극진히 대접을 했다.

잠시 후 그녀가 부루퉁한 입을 먼저 열었다.

"도련님은 이미 결혼을 했고 아이까지 둘 있는 걸 알고 이래 사는 겁니까?"

그 순간 아무 말도 할 수 없었다. 그저 연모하던 사이도 아니고 결혼을 한 여자가 있다니. 게다가 아이까지 둘이나 있다니. 숨이 턱 막혔다. 배꼽에서부터 심장 한가운데까지 저릿저릿한 통증이 일었다. 고개를 돌리니 영식과 정혜가 보였다. 남편을 데려가려는 것이라면 저 어린 것들은 어찌해야 하는 것일까. 혹시 아이들까지 모두 데려가려는 것은 아닐까. 수만 가지 걱정이 밀려들며 숨조차 제대로 쉴 수 없었다. 아닐 것이다. 이건 사실이 아닐 것이다. 나에게만 웃어 주고 나만을 사랑해 주던 남편의 얼굴이 떠올랐다. 이건 뭔가 잘못된 것일 거다. 저 계집종이, 연백의 시부모가 아들을 데려가려는 욕심에 나에게 거짓말을 하는 거라고 믿었다. 아니, 그렇게 믿을 수밖에 없었다.

퇴근해서 집에 돌아온 남편은 계집종을 알아보고 표정이 굳었다. 그 때서야 내 믿음이 틀렸다는 걸 알았다. 온몸에 힘이 빠져 버려서 제자리에 서 있을 수가 없었다.

남편은 무릎을 꿇고, 수도 없이 빌었다. 그러나 사과하는 남편의 얼굴도 목소리도 들어오지 않았다. 상상조차 할 수 없었던 남편의 엄청난 거짓말에 그만, 창자가 끊어지도록 울어 버렸다.

남편은 며칠 동안 무릎을 꿇은 채 용서를 빌었다. 잘못을 저질렀다고는 하지만 그 또한 이렇게 아내를 잃어버릴 수는 없었기에 진심으로 잘못을 빌고 또 빈 것이다. 남편은 씻을 수 없는 상처를 본의 아니게 주게 되었지만 어쩔 수 없었노라고 항변했다. 남편이 말한 나름대로의 불행한 사정은 이러하였다.

남편은 종갓집의 외아들로 태어났다. 그러나 대를 이어야 하는 큰댁이 아닌 작은집이었고 당시 풍습에 따라 어린 남편은 친부모님과 떨어져 큰댁에 양자로 보내졌다. 이유는 단 하나, 후사를 이어야 한다는 거였다. 남편이 17살이 되던 해, 손이 귀했던 집안에서는 강제로 남편을 결혼시켰고, 한창 예민하고 꿈 많던 나이에 아이를 낳았다. 남편은 아이들을 사랑했고, 집안에 대한 책임을 저버릴 수도 없어 오롯이 책임감 하나로 몇 년을 견뎠다. 그러나 집안에서 원하던 아들이 태어난 이후 그는 남은 인생을 계속 이렇게 살 자신이 없었다. 사랑 없는 결혼, 꿈을 짓밟힌 채 집안만을 위해서 살아야 하는 상황에 숨이 막혀 왔고 마침내 도망치듯 서울로 혈혈단신 떠나올 수밖에 없었다.

　서울의 생활 역시 녹록치는 않았다. 이미 나이가 많았기 때문에 원하는 학교 공부를 시작하기에는 어려움이 많아 어쩔 수 없이 실업전수학교를 선택하게 되었다. 그리고 그때 우연히 묵게 된 하숙집에서 나를 만나게 된 것이었다. 첫사랑의 열병은 그렇게 우연처럼 시작되었고 사랑하는 여자와 일생을 함께하고 싶었다. 고향에 있는 첫째 아내와는 더 이상 함께할 수 없다고 결심한 후였다. 그것만큼은 명백한 사실이고, 흔들림 없는 진심이었지만 이미 결혼한 남자라는 사실을 고백하기엔 두려움이 더 컸다. 혹시라도 자신을 떠날지도 모른다는 두려움과 진실을 이야기해야 한다는 양심 사이에서 남편은 그 어떤 것도 쉬이 결정을 내릴 수 없었다. 그렇게 차일피일 고민만 하다 보니 어떤 결론도 매듭짓지 못한 채 어느덧 나와 결혼에 이르게 된 것이었다.

　차마 사랑하는 아내를 단칸방에서 고생시킬 수는 없었던 남편은 결

신혼 시절의 가족 사진. 모자 쓴 학생은 시동생 우제순, 아기는 지금
74세 된 큰아들 우영식. 이 사진은 지난해 남북 이산가족 상봉 때 큰딸
정혜가 '그동안 고이 간직했던 유일한 사진'이라며 전해 주었다.

혼 전 연백 고향집에 들렀다. 부모님께는 서울에서 목간통(목욕탕)을
하겠다고 거짓말까지 하여 돈을 얻어와 행촌동에 신접살림을 꾸린 것
이었다. 꿈같이 달콤한 신혼생활과 나날이 늘어가는 아이들의 재롱에
남편은 어느덧 자신이 이미 한 번 결혼했고 고향에서도 자식들이 커가
고 있다는 사실을 잊고 있었다. 그럴 정도로 남편의 마음은 진정이었
고 완전히 나만의 것이라는 걸 받아들일 수밖에 없었다.

비록 나를 속였다고는 하지만 이런 남편의 진실된 사랑을 알고는 있었다. 결혼 전후로 한 번도 고향에 가자고 하지 않았던 남편은 그 사단이 있은 후에야 고향집에 한번 가서 부모님을 만나 뵙고 정식으로 인사를 드리자고 했다. 우리 결혼을 인정받고 오자는 남편의 말을 받아들여 황해도 연백으로 무거운 발걸음을 뗐다.

시부모님 모두 점잖은 양반댁 그대로였고, 비록 서로 불편한 관계로 만나기는 했지만 남편의 또 다른 아내 또한 아주 얌전한 시골 여인이었다. 그래서 남편의 사랑을 받지 못한 채 고향의 부모님을 모셔야 했던 그분에게, 비록 내 잘못은 아니라 해도 깊은 죄책감과 미안함을 두고두고 갖게 되었다.

6·25 때 연백을 떠나 월남한 그분은 둘째 아들 준식과 며느리 그리고 1남 2녀의 손주가 있었다. 서울 장안동에서 살았는데 생일 등 집안 행사가 있을 때마다 늘 만나 서로 의지하며 살아왔다.

그 며느리는 참 점잖은 아이이고 지금도 늘 생일 때 만나는 반가운 며느리다. 일찍 남편을 잃고 넉넉지는 않지만 단란하게 가정을 꾸려가는 그 며느리가 마음 아리게 고맙다.

그분은 사랑하는 아들 준식을 암으로 먼저 잃고 얼마 후 뒤따라 가셨다.

그분의 아픈 인생은 또한 그분의 운명이었겠지만 한 남자의 또 다른 아내로서 남편의 사랑을 받지 못한 그분에 대해 평생 연민의 정을 느꼈다.

그렇게 며칠간을 며느리로 지내고 온 다음에야 시부모님의 인품과 자신을 향한 지긋한 사랑 하나를 믿고 남편을 용서하기로 마음먹었다.

요즘이라면 큰 벌을 받을 수 있는 중대한 잘못을 저지른 남편이지만, 어렵사리 용기를 내어 사랑으로 남편을 감싸 안았다. 남편 역시 비로소 자신의 인생에 씌워졌던 굴레를 벗고 스스로 선택하고 결정할 수 있는 인생을 살게 되었다. 나는 이때의 결정을 단 한 번도 후회하지 않았다. 또한 이후에도 남편을 원망하거나 비난해 본 적이 없다. 남편 역시 이런 나에게 변치 않는 애정을 보여 주었다.

비온 뒤에 땅이 굳는다 했던가. 나는 다시, 행복해질 것을 믿었다.

해방―아버지의 소식을 듣다

1945년 8월 15일.

해방은 느닷없이 찾아왔다. 남편이 김기덕 상점의 지배인으로 많은 월급을 받게 되면서 아현동 집을 팔고 다시 돈암동에 2층집을 크게 지어 편안히 살고 있을 때였다.

일본이 일으킨 대동아전쟁이 막바지에 다다르면서 세상이 그리 혼잡스러울 수가 없었다. 전황을 자세히 알 수는 없었지만 일본이 전쟁에서 밀리고 있다는 소문들이 여기저기서 들리기 시작했다.

그러나 그때는 일제가 전쟁에 지면 우리나라가 독립될 거라고까지는 생각하지 못했다. 다만, 일본이 이 전쟁에서 지면 10여 년 전에 느닷없이 사라지셔서 여태 소식조차 들을 수 없던 아버지가 돌아오실 수 있을지 모른다는 기대가 생기기 시작했다.

8 · 15 해방을 맞아 망명생활을 청산하고 귀국하기 직전 기념촬영
한 임시정부 요인들.(1945. 11. 3.)

마침내 8월 15일 정오.

제국주의 일본이 무조건 항복을 했고 우리나라는 해방이 되었다. 기쁨에 겨운 수많은 사람들이 거리로 쏟아져 나왔고 우리 가족 역시 돈암동에서 광화문까지 만세를 부르면서 사람들과 함께 감격의 거리를 누볐다.

태어나서 한 번도 생각해 보지 못한 날이었다. 태어나서부터 일제 치하였고 앞으로도 항상 그럴 것이라는 생각에 나도 모르게 젖어 있었나 보다. 아마 나뿐이 아니라 그 시대를 살던 사람들은 누구나 거의 그

랬을 것이다.

나에게 해방이라는 것은 또 다른 커다란 의미가 있었다. 일제가 물러간다는 건 우리 민족 모두가 기다리던 일이었지만 특히나 내겐 나라 밖으로 피신할 수밖에 없었던 아버지, 독립운동가 김한 선생이 되돌아오실 거라는 생각에 더 가슴이 벅차올랐다. 나 열두 살 때 동경 감옥에서 출옥하여 집으로 돌아오셨던 그날처럼, 대문을 열고 들어와 '우리 례정이가 이렇게 컸나' 하시면서 볼을 쓰다듬어 주실 것만 같았다. 전에도 그러셨으니까 이번에도 그러실 거라는 묘한 기대감······.

해방이 되자 많은 독립운동가들의 이름이 여기저기서 들리면서 해외에 있던 분들이 속속 국내로 들어오기 시작했다.

상해 임시정부의 김구 선생, 하와이에 있던 이승만 박사, 아버지 김한 선생과는 연결이 있어서 이름을 익히 들었던 조봉암 선생을 비롯해 많은 분들의 소식이 들리는데 아버지 소식만은 들을 수가 없었다.

이미 아버지가 상해 임시정부의 주요 간부를 지냈다는 이야기를 들어 알고 있었기 때문에 특히 김구 선생이 귀국할 때 혹시나 하고 가슴을 졸였지만 이때도 아무런 소식이 없었다. 김구 선생의 귀국이야 온 나라가 함께 축하할 일이었지만, 우리 가족으로서는 아버지를 만날 수 있다는 기대가 다시 한 번 사그러진 순간이어서 크게 실망할 수밖에 없었다.

나야 딸로서 실망한 것이지만 정말 크게 실망하신 분은 어머니였다.

어머니 배명원 여사

남편과 나는 새 집을 짓고 넓혀 가며 이사를 다녔는데 어머니는 돈암
동 옛집을 떠나려 하지 않으셨다. 아버지께서 그 집으로 돌아오시지는
않을까 하는 마음이 있었기 때문이다. 아마 그 무렵 어머니는 툇마루
에 앉아 대문 밖을 내다보시면서 남편의 '이리 오너라' 하는 말소리가
들리지 않을까 학수고대하셨을 것이다. 그런 어머니 배명원 여사에게
는 마지막 실낱 같은 기대가 무너지는 순간이었다. 얼마나 큰 실망이
었을까!

어머니는 언제나 "네 아버지는 의지가 강한 분이시기 때문에 반드
시 살아서 돌아올 것이다."라고 굳게 믿고 계셨다. 집에는 잘 계시지
않아도 늘 동지들과 함께 새로운 일을 꾸미고 이루어 내신 분이다. 서

울에서 동경에서 옥살이를 하셨어도 다시 돌아와 독립운동을 멈추지 않던 분이다. 그래서 어머니는 해방 후 한 1~2년간은 매일 아침 집안 청소를 정갈하게 하시고 하루에도 몇 번씩 대문밖에 나가 아버지 김한 선생이 돌아오시기를 기다리셨다.

그러던 중 1948년경으로 기억한다.

아버지의 평생 동지 원우관 선생이 집으로 찾아오셨다. 선생은 아버지와 초기부터 함께 활동하신 분인데, 아버지가 회장을 맡았던 무산자 동맹회를 비롯해서 많은 활동을 함께하였고, 아버지가 신간회 사건 때 해외로 망명한 후에도 국내에 남아 활동하다 옥고를 치르신 분이었다.

그런 원우관 선생이 옛 동지의 딸을 찾아오신 것이다. 그분을 보는 순간 아버지가 곧 돌아오실 것이라는 반가움에 그분을 아버지처럼 맞이했다. 그리고 그토록 궁금했던 아버지의 소식을 여쭈었다.

"아버지는 언제 오신대요?"

선생은 쉽게 입을 열지는 못하셨다. 입술을 몇 번 달짝이다 힘들게, 작심한 듯 굳은 얼굴로 아버지 이야기를 해 주셨다.

"네 아버지는 신간회 사건 때 연해주로 넘어가셨는데 자세한 경위는 모르지만 그곳에서 돌아가신 걸로 들었다."

그날 밤, 나는 옛집을 혼자 지키고 계신 어머니를 찾아가 어머니와 함께 밤새 울었다.

원우관 선생에 대해

- 김한 선생의 외손자이자 김례정 여사의 아들인 우천식/원식 형제의 글

외할아버지인 김한 선생의 동지이자 김한 선생의 사망 소식을 전해 주신 원우관 선생에게 우리 형제들이 철없던 시절 씻을 수 없는 큰 죄를 지었기에 무릎 꿇고 사죄하는 마음으로 원우관 선생을 소개하고자 합니다.

선생의 본명은 원정룡이며 호가 우관(友觀)입니다. 1888년 함경남도 함흥에서 태어나 1915년 경성고등보통학교(경기고등학교 전신) 부속 교원양성소를 졸업하고 1918년까지 함경도 회령에서 보통학교 교사로 근무하였습니다.

이후 1918년 일본 와세다 대학에 입학하여 1년간 다니다 3·1운동 후에 상해로 망명하여 임시정부 법무국 차장을 지냈습니다. 이때 김한 선생이 법무국 비서국장이었는데 여기서 국장과 차장으로 인연이 맺

어진 듯합니다.

선생은 1920년 국내로 들어와 '조선청년회연합회'와 '무산자동맹회' 결성을 주도하였으며 1923년에는 홍명희 선생 등과 '신사상연구회'를 결성하였으나 일제의 치안 유지법에 걸려 옥고를 치릅니다. 출옥 후에는 다시 상해 임시정부에서 활동하다가 해방 후 임시정부 요인들이 귀국할 때쯤 중국에서 김구 선생과 함께 식사를 한 기록이 〈백범일지〉에 남아 있습니다.

선생은 귀국 후 조봉암 선생의 진보당에 참여하여 총무위원회 위원과 통일문제연구위원회의 위원을 지내십니다.

저희 외할아버지 김한 선생의 호가 '제관(霽觀)'인데 선생의 호가 '우관(友觀)'인 것은 두 분의 역사적 행적을 볼 때 '제관의 친구'라는 뜻이 아닐까 추측해 봅니다. 그렇게 추측할 수 있을 만큼 두 분은 생각과 행동을 함께하였던 동지였습니다.

저희 형제가 어렸을 적 왕십리 행당동에 살았을 때 일입니다.

우리 집에는 '맹꽁이 할아버지'가 계셨습니다. 이 할아버지의 귀에서는 자꾸 진물이 나왔는데 그 모습이 너무나 지저분해 보였습니다. 콧물까지 흘러 끊임없이 코를 푸는 모습이 맹꽁이가 맹맹거리는 소리와 비슷하다고 해서 우리 형제들이 지어 준 별명이었습니다.

우리 형제들은 모두 그 할아버지를 싫어했습니다. 냄새가 날 뿐 아니라 귀에서 고름 같은 것이 나와 지저분하고 항상 코를 푸는 그 할아버지 곁으로 가기조차 꺼려했습니다.

그 맹꽁이 할아버지가 바로 원우관 선생이었습니다.

후에 어머니 김례정 여사를 통해 원우관 선생이 우리 집에서 지내게 된 경위를 듣게 되었습니다.

해방 후 국내로 들어온 원우관 선생은, 우리 집에 찾아와 동지의 딸에게 김한 선생의 사망 소식을 전할 때만 해도 김구 선생과 함께하신 것 같습니다.

그러나 선생은 모든 인생을 독립운동에 쏟아 부었기에 결혼을 하지 못했으니 자손도 없었고, 재산도 전혀 갖고 있지 않아 귀국 후의 생활이 몹시 어려웠습니다. 처음에는 김구 선생의 도움이 있었으나 김구 선생이 암살되고 난 후 조봉암 선생의 도움으로 거처를 구하고 근근이 생활하시면서 조봉암 선생의 진보당에 참여하였습니다. 그러나 1958년에 '진보당 사건'이 터져 조봉암 선생마저 감옥에 갇히면서 어디에도 갈 데가 없어진 것입니다. 그래서 마지막으로 택한 곳이 우리 집이었답니다.

선생께서 우리 집을 찾으신 때는 대략 1960년경입니다. 당시 행당동 집으로 찾아온, 일흔을 넘긴 노(老) 독립투사의 행색은 남루하기 이를 데 없었답니다.

어머니 김례정 여사는 선친의 둘도 없는 동지를 반갑게 맞이했고 아버지 우제화 역시 어려운 지경에 놓인 선생을 흔쾌히 받아들여 우리 집에 머무르게 된 것입니다. 아마 4~5년은 족히 계셨던 것 같습니다.

어머니는 늙은 독립투사를 모시고 병원을 자주 찾았습니다. 선생은 일제하에서 세 차례 투옥되었을 뿐 아니라 여러 차례 끌려가 심한 고문까지 받았기 때문에 노년에 여러 가지 질병을 앓고 있었습니다. 맹꽁이처럼 코를 계속 푸는 것도 그렇고 귀에서 쉴 새 없이 나오는 고름 같은 진물도 모두 고문의 후유증이었습니다.

행당동 우리 집에 머무르던 이 늙은 독립투사의 주위에는 항상 휴지와 약솜 같은 것들이 여기저기 흩어져 있었습니다. 게다가 치매 증세까지 더해지자 선생이 어떤 분인지 알 리 없는 어린 우리 형제가 노골적으로 싫어하는 기색이 더욱 역력하게 드러났나 봅니다.

자존심이 몹시도 강했던 병들고 늙은 독립투사는 어느 날 집에서 사라지셨습니다. 철없는 우리 형제들의 태도가 그분의 자존심을 건드렸을 것입니다.

그렇게 소식이 끊겼습니다. 어머니는 선생을 찾으려 여기저기 수소문을 해 보았으나 행방을 찾기가 쉽지 않았습니다.

한참을 지난 후, 서울역 부랑인 시설에서 돌아가셨다는 소식이 들려왔습니다.

원우관 선생님, 선생님을 몰라본 저희를 용서해 주십시오.

어렸던 저희에게 항상 남아 있는 죄스러운 기억이라, 참으로 가슴을 치며 선생님의 높은 뜻 앞에 눈물로 사죄합니다.

원우관 선생님!!

죄송합니다.

6·25—가족이 헤어지다

1950년 6월 25일. 전쟁이 터졌다.

그러나 처음에는 전쟁이 일어난 것도 잘 몰랐다. 포격 소리가 나고 이게 무슨 일인가 하여 어쩔 줄 모른 채 돌아가는 상황을 파악하는 와중에 벌써 한강다리가 끊어졌다는 것이다.

소식이 빠른 대통령을 비롯해서 관료, 순경, 군인, 검사 등 높은 사람들이 한강을 건너 피난 가면서 한강다리를 끊고 도망갔다는 말이 들렸다. 그러고는 바로 북한의 인민군이 쳐들어왔으니 미처 전쟁이 어떤 건지 느끼기도 전에 이미 서울은 인민군 세상이 된 것이다.

한강다리가 끊어졌으므로 우리 가족 역시 다른 사람들과 마찬가지로 곧바로 피난을 갈 수 없었다.

그때는 돈암동에 2층집을 짓고 편안히 살고 있을 때였다.

25일에 시작되었다는 전쟁은 27일쯤 되자 여기저기서 총소리와 대포소리로 거짓말이 아니라는 걸 알려주었다. 그 총소리가 주는 무서움에 도저히 그대로 있을 수가 없었다. 비가 주룩주룩 내리는 밤이었지만, 식구 모두 방석을 하나씩 뒤집어쓴 채 웬만한 것은 등짐을 지고 아현동에 있는 시동생 우제순의 집으로 피신하기로 했다. 아무래도 총성이 심하게 나는 돈암동보다는 아현동이 나을 것 같다는 생각도 있었고, 큰일이 벌어졌으니 가족들이 모두 모여 함께 상의해야겠다는 생각 때문에 일단 옮기기로 한 것이다. 우제순은 남편보다 다섯 살 아래인데, 고향 황해도 연백에서 서울로 유학을 와서 고려대학교의 전신인 보성전문을 마치고 학교 교사로 일하고 있을 때였다.

1950년 6월 27일, 그 궂은비 내리는 밤길을 아직도 잊지 못한다.

시동생 우제순의 젊은 시절.

또 어려움이 오는가 보다. 나 어렸을 적 어려움을 겪을 때는 그나마 가족이라도 단출했지만, 지금은 아이가 여섯이나 있는데 우리 여덟 식구가 무사히 이 힘든 시기를 견딜 수 있을까? 맏이래야 겨우 14살인 맏아들 영식, 11살 장녀 정혜, 8살 덕혜, 6살 관혜, 4살의 승혜, 그리고 이제 돌도 안 된 막내 인식……

인식을 등에 업고 승혜와 관혜의 손을 잡고 밤길을 걷는 마음에는 불안함만 한가득하였다. 무섭고 어둡고 불안한 6월 27일의 비 오는 밤이었다.

그렇게 아현동으로 옮겨 갔다. 하룻밤을 지내고 나니 서대문 거리까지 인민군으로 가득 찼고 더 이상 총소리는 들리지 않았다.

우리 가족은 이틀인가 아현동에 있다가 아무래도 이 일이 오래 끌 것 같아 돈암동으로 돌아왔다.

비록 짧은 시간이었지만 이렇게 고생을 하고 나니 남편은 많은 식구를 데리고는 이 위기를 넘기기 어렵다는 생각을 하게 되었다. 언제 어떤 상황에서도 기동력 있게 대응할 수 있도록 가족 수를 줄여야겠다고 판단한 것이다. 황해도 연백의 고향은 그래도 별일 없이 안전할 테니 아이들 중 비교적 큰 아이들은 고향으로 보내고, 작은 아이들만 데리고 있자는 제안이었다. 그때로서는 그게 좋은 생각이었다.

그렇게 해서 큰 아이들은 할아버지가 계시는 고향 연백으로 가서 조용해질 때까지 잠시 헤어져 있자고 결정했다.

당시 돈암동 집은 집도 크고 살림도 넉넉해서 황해도 연백의 남편

친척들 여럿이 공부를 위해 올라와 있었다. 남편의 황해도 부인이 낳은 첫째 아들 정식, 남편의 고향 친구였던 황수봉 씨의 아들 인종, 그리고 사촌 시누이의 아들 등이 우리 집에서 기거하며 서울의 고등학교에 유학 중이었다.

이들 청년들이 고향으로 돌아가는 길에 영식, 정혜, 덕혜를 모두 할아버지 계신 곳으로 딸려 보내기로 결정했다.

사실 당시의 황해도 연백은 38선 이남이어서 해방 이후에도 자유롭게 왕래하던 지역이었고 지금처럼 남북으로 갈라질 것이라고는 전혀 생각도 못했다. 게다가 이미 황해도에서 유학 온 세 청년이 있었기 때문에 가는 길도 그리 걱정할 일은 아니었다.

다만 전쟁 상황이어서 차도 없이 걸어가야 하는데 그 거리가 300리 길이나 되었으니, 영식까지는 몰라도 이제 정혜나 특히 8살짜리 덕혜가 가기에는 너무 힘든 길이었다.

잠시 정혜, 덕혜는 그대로 데리고 있을까도 생각했지만, 그래도 총알이 날아다니는 불안한 서울보다야 비교적 조용한 시골로 가는 게 오히려 낫겠다고 생각하고 마음을 다잡았다.

아이들을 떠나보내던 날, 남편은 아버지, 어머니 곁을 떠나지 않겠다고 찰싹 달라붙어 있던 정혜와 덕혜를 설득했다. '오빠들이랑 함께 가면서 힘들면 마차도 타고, 마차 타고 가면서 맛있는 사탕도 사 먹으라'고 돈도 쥐어 주었다.

아아, 그 어린것들을 그렇게 달래서 보낸 길이 마지막이 될 줄 어찌 알았겠는가.

황해도 이야기는 나중에 영식으로부터 전해 들었다.

황해도 연백의 남편 고향으로 간 영식, 정혜, 덕혜는 할아버지 집에서 별 탈 없이 한가로운 시간을 보냈다. 그곳에서 세 남매의 생각은 오로지 '언제나 아버지, 어머니를 만날까'였다고 한다.

그렇게 무료한 세월을 보내던 중 중공군의 개입으로 전황이 뒤바뀌면서 파죽지세로 밀고 올라가던 국군의 기세가 꺾이고 1·4후퇴가 시작되었다. 이 불안정한 상황에서 황해도 고향에선 어떻게 해야 할지를 두고 의견이 분분했다.

마지막으로 내린 결론은 전쟁이 더 커지고 있으니 이러다 어떤 상황이 일어날지 알 수 없다, 그러니 젊은 남녀는 우선 피난을 하자는 것이었다. 그 '젊은 남녀'를 위한 피난길 명단에 영식은 포함이 되었지만 아직 어린 정혜와 덕혜는 빠지게 되었다.

또다시 피난길을 떠나야 하는 칠흑같이 어두운 밤.

영식이 집안 어른들과 함께 황해도 고향을 떠나는데, 이를 뒤늦게 눈치 챈 정혜, 덕혜가 마을 어귀 냇가까지 쫓아와 함께 가자며 울부짖었다. 영식은 '금방 꼭 다시 돌아올게'라며 정혜, 덕혜를 달랬지만 어린 동생들은 막무가내였다.

어린 누이들을 끝내 떼어놓고 뒤돌아선 영식 또한 그때의 이별이 영영 마지막이 되리라는 걸 꿈에도 생각하지 못했다.

그때, 아버지, 어머니와 떨어지기 싫다며 울던 두 아이들을 오빠들의 손에 맡겨 황해도로 보냈던 그 일, 눈물을 뚝뚝 흘리던 정혜와 덕혜에게 '곧 만날 거야'라며 등을 떠밀었던 일은 60년이 지난 아직까지도 내 가슴속에 화석처럼 남아 있다.

그때로 돌아갈 수만 있다면, 그때로 다시 돌아갈 수만 있다면 너희
들의 손을 결코 놓지 않았을 텐데······.

전쟁에 휘말리다

영식, 정혜, 덕혜를 황해도로 보내고 난 후의 서울은 인민군 치하, 참으로 조심스러운 나날들이었다.

나는 상업학교를 나오고 머리 회전도 빠르고 숫자 감각이 있어서 그랬는지 6·25 전부터 동네 반장을 맡아 하고 있었는데, 한강다리가 끊어진 후 피난도 못 가고 주저앉은 채 인민군 치하가 되었다고 사퇴를 할 수도 없고 사퇴를 받아 줄 리도 없고 해서 그대로 반장을 맡고 있었다.

세상의 형편을 잘 몰라 가만히 집에 들어앉아 있었는데 인민군은 반장들을 소집했다. 처음엔 이 소집에 잘 나가지 않는데 저들의 기세와 등쌀이 도저히 견디기 어려울 지경이었다. 그들이 모여라 하면 모이고, 회의하자 하면 회의에 나가면 되었다.

6·25 이후 9·28 서울 수복까지 3개월간, 서울에서는 다들 그저 그

렇게 지내고 있었다.

남편은 여러 가지 기계를 제작하는 '서울기계'라는 제법 큰 회사의 상무로 있었는데, 전쟁 때문에 회사 가동이 중단되어 출근하지 않고 그대로 집에 있었다. 남편도 역시 세상 형편을 몰라 집에 꼭 틀어박혀 있었다.

그렇게 공장이 오랜 기간 돌아가지 않게 되자 인민군은 공장을 다시 돌리라고 명령했다. 처음에는 통보로만 오던 것이 차츰차츰 그 압력의 강도가 높아졌다. 나중에는 인민군까지 대동하고 나타난 사람이 "우제화 씨, 더 이상 나타나지 않으면 반동분자로 간주하겠다."는 최후통첩까지 받게 되었다. 전쟁 중 점령군인 저들의 기세와 등쌀을 무시하기 어려운 형편이었다.

게다가 인민군의 압력을 받은 서울기계 회사 직원들이 돈암동 집으로 찾아와 공장을 돌리자고 했다. 결국 남편은 인민군의 명령과 협박, 직원들의 권유로 다시 회사에 나가 공장을 돌리게 되었다.

그러다가 한 10일쯤 지나고 전쟁의 상황을 살핀 남편은 이대로 공장에 나가서는 안 되겠다고 판단하고서는 몸이 아프다는 핑계로 출근하지 않았다.

그런데 이런 일들이 9·28 서울 수복 뒤에 화근이 되었다.

반장을 맡아 회의를 통보하고 사람들을 모으고 하던 일들이 인민군에 협조한 것이란다. 게다가 남편은 열흘 남짓이지만 서울기계에 나가 '인민군을 위해 공장을 돌린' 것으로 몰렸다.

특히 남편의 경우는 처지가 아주 안 좋았다. 6·25 전에 남편의 회사에서 해고당했던 직원이 있었는데 그때 무슨 완장 같은 것을 차고 있었다. 그 사람이 남편에게 앙심을 품고 있다가 9·28 수복이 되자 남편이 회사 상무로서 인민군 치하에서 한 열흘간 공장을 돌린 일을 문제삼아 부역으로 밀고하는 바람에 꼼짝없이 처벌을 받게 되었다.

결국 우리 부부는 인민군이 몰려왔을 때처럼 또다시 피신해야 했다. 당시에는 전쟁 중이었고 워낙 분위기도 험악했던지라 부역자로 몰리면 그대로 처형을 한다는 소문이 파다할 때였다.

아무래도 동네에 그대로 있을 수가 없어 우선 철도국에 다니는 남편 친구의 청량리 집으로 갔다. 이 집에서 방 한 칸 빌어 일단 머물기로 했다. 하지만 그 집에서도 오래 머물 수는 없었다. 서울이 수복되었는데도 집으로 돌아가지 않고 남의 집을 전전하는 사람들을 수상히 보는 사람들이 많았다. 주변의 눈초리 때문에 다시 남편의 황해도 친구인 송순열 씨 집으로 찾아갔다. 그러나 그곳 형편도 역시 마찬가지여서 다시 마포 너머 현석동에 있는 나의 외가 쪽 친척집을 찾아갔다. 이번에는 '집에 불이 나서 나왔다'고 둘러댔다. 그 집은 제법 큰 집이어서 남의 눈에 잘 띄지 않은 채 꽤 오래 머무를 수 있었다.

그러던 와중에 남편은 서울 사정이 너무나 불안하니 고향 친구인 최영식이라는 사람과 황해도 고향으로 가 있겠다고 했다. 그때는 부역과 관련된 남자는 무조건 죽인다는 소문이 퍼졌으니 남편의 불안함은 당연한 일이었다. 나와 아이들은 당분간 현석동의 외가 친척집에서 안전하게 지낼 수 있으니 그대로 남고, 남편만 혼자 고향으로 가기로 하고 떠났다.

전쟁 통에 아이들을 보내고 남편마저 보내는 일이 서럽기는 했지만 까딱하다가는 목숨을 잃을지 모르는데 다른 선택의 여지가 없었다. 일단 어떡하든 살아남아야 아이들도 되찾고 행복도 되찾을 수 있지 않겠나 싶었다. 그렇게 말하면서도 내심은 떠나지 않기를 바랐다. 어려운 때 든든한 남편이 곁에 없다는 게 더 힘들 것 같았다. 그렇게 복잡한 마음으로 남편을 떠나보냈다.

그런 마음이 통한 것일까? 황해도를 향해 걷고 있을 것이라 생각했던 남편이 되돌아와 대문을 두드렸다. 다행히도, 고향으로 가던 길에 마음을 바꾼 것이다.

남편이 들려준 이야기는 이랬다.

서울을 벗어나 파주쯤 지나니 남편은 서울에 남은 가족들이 계속 마음에 걸렸단다. 부역한 일도 없는데 단지 오해를 받았다는 이유로 저 혼자 살겠다고 가족들을 서울에 두고 고향으로 가는 자신이 참으로 비겁하게 느껴졌단다. 고향 친구야 가족이 다 고향에 있으니 이 어려운 때에 고향으로 돌아가는 것이 맞지만, 자신은 가족이 서울에 있는데 혼자 고향으로 가는 건 도저히 아닌 것 같다, 잘못한 것도 없는데 가족과 함께 있겠다고 마음을 고쳐먹고 다시 현석동으로 돌아오게 됐단다.

남편이 떠나고 불안했던 마음은 남편을 다시 보자마자 왈칵 눈물이 되어 쏟아졌다. 진작에 그럴 것이지…… 짧은 이별이었지만 얼마나 불안하고 안타까웠는데…….

그 일로 다시 남편의 마음, 가족에 대한 사랑을 확인할 수 있었다.

이전에 분란을 겪고 단단해졌던 마음은 더 견고해졌다. 그리고 다시는 어떤 일이 있더라도 떨어지지 말자고 다짐했다.

그러나 현석동 집이 아무리 안전하다 해도 오래 머무는 건 위험하다는 생각이 들었다. 남편이 돌아온 것은 좋은 일이었지만 그의 불안을 달래 줄 필요도 있어 다시 집을 옮기기로 했다. 이번에는 남편 친구인 김덕문 검사의 집이었다. 김덕문 씨는 당시에 꽤 유명한 검사였는데, 남편이 사회생활을 하며 만난 절친한 친구였다.

아무래도 검사의 집에 있으면 낯선 이들이 함부로 드나들지 못할 것이라는 생각도 들었고, 전에 김 검사 가족이 피난을 갈 때 다리에 장애가 있어 일어나지 못하는 딸을 대신 돌봐 준 인연이 있어 다음 은신처로 선택했다. 참으로 억울하긴 했지만, 걸리기만 하면 '묻지도 따지지도 않고' 처형하는 분노의 복수극이 벌어지던 때라 멀쩡한 내 집을 놔두고 이 집 저 집으로 떠돌이 생활을 할 수밖에 없었다.

그렇게 피해 다니는 사이 겨울을 맞았다.

남편의 고향 친구 중에 유치진이라는 사람이 있었는데 그때 경찰의 중간 간부쯤 되는 직위에 있었다. 전쟁 전에도 남편을 좋아해서 가끔 집으로 놀러 오기도 하던 사이였는데, 어떻게 알았는지 그분이 김덕문 검사 집으로 남편을 찾아왔다.

이제는 상황이 조금 나아져서 부역으로 몰린 사람들도 자수하면 죄과를 잘 따져 별일 없으면 빨리 나갈 수 있으니 자수를 하라고 했다.

우리 부부는 그 후 며칠을 살펴보다 유치진 씨와 함께 경찰서에 자진해서 들어가 조사를 받았다. 그이의 말대로 나는 몇 가지 확인을 거쳐 바로 풀려나왔고, 남편은 일단 유치장에 수감되었다. 절대 떨어지지 말자고 했건만, 또 어쩔 수 없이 남편을 경찰에 혼자 두고 나오는 발걸음이 무겁기만 했다.

그때 유치진 씨의 진심 어린 위로가 아직도 생생하다.

"아주머니, 걱정 마세요. 별일 없을 겁니다. 제가 충분히 얘기해 놓았고 또 도와드릴게요. 좀 더 조사할 게 있어서 그러니 걱정 말고 돌아가 계세요."

한 일주일이나 지났을까? 남편은 유치진 씨의 말대로 조사를 마친 후 무사히 석방이 되었다. 정말 반가운 일이었다.

드디어 서울 안에서 피난을 다니던 일은 마무리가 되었다. 그렇다고 아무 상처 없이 끝난 것은 아니다.

그해 1951년, 1월 말부터 2월 초 사이, 동장군이 유난히 기세를 부려 강추위가 이어졌다. 남편은 그런 추위에 온기 하나 없는 경찰서 유치장에서 견뎌야 했고, 이불은 고사하고 식사마저 변변치 않아 여러 사람이 얼어 죽은 시체로 실려 나가는 걸 봐야만 했다. 남편 역시도 그 추운 냉골에서 여러 날을 버티면서 건강에 이상이 왔다. 석방이 된 남편은 그 길로 병이 들어 몸져눕고 말았다.

전쟁은 이렇게, 총과 대포를 피해 다니는 것만 힘든 게 아니었다. 우리의 경우 뜻밖에 억울하게 몰린 끝에 변명할 기회조차 제대로 없어 서울 안에서 사람들의 눈을 속여 가며 또다시 '피난'을 해야 했으니……

그 어지러운 전쟁 통에 서울 하늘 아래에서는 인민군 치하에서는 인민군 치하대로, 수복 후에는 수복 후대로 형제간, 동족간, 친구간에 갈리고 반목하면서 더욱 혼란한 세상이 끝을 알 수 없이 연출되고 있었다.

사선을 넘다

마포 너머 현석동, 외가 친척집에 숨어 지낼 때다.

우리 부부가 피신 생활이 거듭되다 보니 그나마 수중에 있던 돈도 다 떨어졌다. 그래서 피신 나오면서 가지고 나왔던 옷가지와 패물들을 가끔 내다 팔아 가며 필요한 돈을 겨우겨우 마련했다.

그날도 마찬가지였다. 쌀이라도 좀 사 올 요량으로 옷가지 몇 점을 주섬주섬 챙겨서 아현동 시장으로 나갔다. 남편이 서울기계 상무로 있을 때 사 준 털 코트, 양장, 한복 등 비싼 옷가지를 싸게 팔면 그리 어렵지 않게 먹을거리를 마련할 수 있었다.

그렇게 옷을 팔고 돌아오는 길이었다. 등에는 젖먹이 인식을 업고 손에는 군밤 한 봉지를 사 들었다.

아현초등학교 앞을 지날 때쯤 새우젓을 사 가지고 내 옆을 지나가던 어느 노인네가 막아섰다.

내가 동네 반장 일을 하던 돈암동에 사는 노인이었나 보다. 그 노인이 나를 알아보고 인민군 부역자라며 그 자리에서 내 소매를 낚아챘다. 그러고는 곧바로 아현동 파출소로 아이 업은 나를 질질 끌고 갔다.

너무너무 억울했다. 인민군의 치하에서 어쩔 수 없이 반장 노릇한 것 때문에 이렇게 끌려다니게 되었다니…….

전쟁 전부터 이미 동네의 반장 일을 맡아 왔다. 그때 맡은 이유도 주변에서 젊은 사람이 해야 한다고 억지로 권해서였다. 그리고 이미 하고 있는 일이었기 때문에 6·25가 나고 인민군이 쳐들어 와서도 자연히 그 일을 계속할 수밖에 없었다. 어디 감히 전쟁 중에 서슬이 퍼런 인민군에게 그만두겠다고 할 수 있을까? 아마 그랬다면 당장 처형당했을지도 모른다. 내가 한 일이라고는 기껏 인민군으로부터 '저녁때 회의가 있으니 연락하라'는 전갈이 있을 때 '저녁에 회의 있대요'라고 그대로 동네 사람들에게 전하는 것이 전부였다.

겨우 그게 부역한 것이라니……!

그 때문에 숨어 지내야 했는데, 끝내 이렇게 붙들려서 경찰서에 끌려가게 되다니, 잘못하면 목숨까지 잃어야 하다니…… 정말 억울하기 이를 데 없었다.

끌려가면서도 "나는 무슨 잘못한 일도 없고 빨갱이 짓을 한 적도 없다."고 죽을힘을 다해 항의했다. 이거 놓으라고 발버둥도 치고 사람 살리라 소리도 쳤다. 울며불며 놓아달라고도 하고 길바닥에 무릎을 꿇고 통사정을 하기도 했다. 나도 나지만 내가 집에 돌아가지 못하면 남편과 아이들은 어찌 지낼까 하는 걱정에 그렇게 매달렸다.

그러나 아무 소용이 없었다.

부역자로 잡히면 바로 처형된다는 소문도 있어 '난 이제 죽는구나' 하는 생각에 다리가 후들거리고 좌우를 가릴 수 없을 정도로 혼백이 빠져나가는 것 같았다.

그렇게 처음 끌려간 아현동 파출소에서는 '너무나 바쁘니 주거지인 돈암동 파출소로 데리고 가라'고 한다. 마침 경찰은 움직일 수가 없다면서 돈암동 파출소로 데리고 가는 일을 그 노인네에게 맡겼다. 노인네는 경찰의 일까지 대신하게 되어, 남의 목숨은 생각지도 않고 신이 난 모양이다.

등에 포대기로 감싸 업은 돌배기 인식은 아현동 파출소에 들어설 때부터 자지러지게 울어 대고 있었다. 돌도 안 된 젖먹이지만 제 어미에게 닥친 위기를 알기나 한다는 듯이 끊임없이 울어 댔다. 젖을 물려도 소용없고, 군밤을 쥐어 주어도 소용이 없었다. 등에서는 숨이 넘어갈 듯이 울어 대지, 붙잡아 끌고 가는 노인네는 인정사정도 없지, 돈암동 파출소로 가는 길은 도살장으로 끌려가는 소와 같은 참담한 상황이었다.

이대로 끌려가면 우리 식구들은 어떡하나? 남편과 아이들은 누가 돌보나? 이런 걱정들을 하며 아현동에서 돈암동 쪽으로 끌려가면서 정신없이 울어 대는 아이와 노인네의 무지막지한 힘에 기운은 다 빠지고 정신은 멍해 있었다.

이대로 끝나는구나 하는 체념까지 들었던 바로 그때 하늘이 준 기회가 왔다.

노인에게 끌려 돈화문을 거쳐 창경원 모퉁이를 지나고 서울대 병원

근처에 있는 원남동 로터리쯤 갔을 때다. 의기양양한 노인이 소변을 본다고 잠깐 골목으로 들어가는 게 아닌가! 아이를 업은 데다 다리까지 풀린 채 혼이 빠져 멍하니 있는 나를 보고 안심했던 모양이다.

노인이 골목으로 들어가자마자 그렇게 울어 젖히던 인식이가 울음을 뚝 그치는 게 아닌가! 갑자기 정신이 번쩍 났다. 이때다! 도망쳐야겠다! 하는 생각이 들었다.

정신이 든 순간 용수철처럼 튀어 냅다 도망치기 시작했다. 속으로 '걸음아, 날 살려라'를 외치며 뒤도 돌아보지 않고 뛰었다. 원남동에서 우리 집이 있던 돈암동과는 반대 방향인 안국동을 향하는 언덕 내리막 길을 정신없이 내달렸다.

그 노인은 우리 집이 돈암동인 줄 알 테니까 틀림없이 그쪽 방향으로 찾으러 갈 것이다……. 그래도 혹시나 다시 잡힐까 봐 큰길로는 못 가고 여기 저기 골목을 찾아 정신없이 뛰고 또 뛰었다.

다행히 어릴 때부터 서울 이곳저곳을 이사 다닌 덕인지, 웬만하면 잘 아는 동네라 골목골목이 훤히 눈에 보였다. 광화문을 지나 아현동으로 해서 이 골목 저 골목을 찾아가며 마포의 한강 둑까지 갔다. 거기서 다시 종종걸음으로 현석동을 향했다.

그렇게 '잡히면 죽을지 모른다'는 생각에 숨이 턱에 차오르게 뛰어 도망치던 와중에도 '쌀이 있어야 저녁밥을 해 먹을 수 있지' 하는 생각이 들어 마포 한강 둑 근처에서 쌀 한 말을 사서 머리에 이고 또 뛰었다. 다행히 옷가지 판 돈은 흘리지 않고 있었다.

해가 뉘엿뉘엿한 저물녘이 되어서야 현석동 집에 들어섰다.

그렇게 집에 돌아오니 남편과 아이들은 모두 놀란 토끼눈이다. 돌아올 시간이 훨씬 지나서도 연락조차 없으니 분명 무슨 일이 생긴 것이라고 생각하고 모두들 걱정하고 있었는데, 집으로 돌아온 내 얼굴을 보니 핏기는 가셔 없어진 채 아예 노랗게 질려 있었다고 한다.

아현동에서 장 보고 나오다가 붙잡혀 원남동까지 끌려갔다가 도망쳐서 마포까지 그 먼 거리를 쉴 새 없이 달려왔으니 그때의 몰골이 어땠을까? 하루 종일 마라톤 코스만큼을 뛰고도 너무나 긴장한 탓인지 발이 아픈 줄도 몰랐다. 양말을 벗으니 엄지 발톱이 새카맣게 죽고 발가락은 온통 퉁퉁 불어 터져 있었다.

집에서 목을 빼고 가슴 졸이며 엄마를 기다리던 관혜와 승혜는 돌아온 엄마를 끌어안고 큰 울음을 터뜨리고 말았다.

술장사, 양키 물건 장사

전쟁의 와중에 서울에 남았다가 뒤집어쓴 부역 혐의는 그렇게 몇 달 동안의 피신생활과 자수, 일주일여의 조사로 풀리게 되었다. 이제 더 이상 숨어 살 필요가 없었고 목숨이 어찌될까 하는 두려움도 없어졌으니 불행 중 다행이었다.

그러나 남편의 몸에 남은 흔적은 평생 지병이 되었다. 그 조사 기간 동안에 엄동설한의 유치장 생활은 폐를 상하게 하여, 처음엔 자리보전을 하다가 다음엔 일어나서도 지팡이를 짚어야 했고 결국 몇 년의 요양을 거쳐야 할 정도로 크게 몸이 망가지고 말았다. 남편은 70을 넘긴 후 세상을 떴지만, 최종적인 사인도 폐와 관련된 것이었으니 그때 몇 년간 치렀던 병고가 좀 더 건강하게 오래 살지 못한 이유가 된 것이 분명하다.

김덕문 검사의 집에 있으면서도 힘겨운 일이 이어졌다.

그 집에서는 남편 제화와 관혜, 승혜, 인식까지 우리 가족 다섯 사람 뿐 아니라 전쟁 와중에 행방불명된 시동생 제순의 아내와 두 명의 아이들, 김 검사의 장애가 있는 딸과 일하는 사람 등이 함께 지냈다.

게다가 돈암동에 혼자 남아 있던 어머니도 몸이 좋지 않아 모시고 오게 되자 모두 11식구가 함께 살게 되었다.

한동안 안방에는 어머니가, 건넌방에는 남편이 유치장에서 얻은 폐질환으로, 그리고 다른 방에는 관혜가 전쟁 와중에 얻은 폐병으로 아파서 누워 있었다. 병원도 마땅치 않았을 뿐 아니라 돈도 없고 해서 정말 어찌 살았는지 모르겠다. 그때를 생각하면 지금도 한숨이 절로 나온다.

그러다 어머니가 돌아가셨다.

시신을 수습하는 일도 어려운 일이었다. 마땅히 도움을 청할 곳도 없었는데 마침 남편의 친구 조문한 씨가 찾아와 참으로 다행이었다. 조문한 씨는 남편과 함께 염을 하고 아현동 뒷산에 어머니를 묻었다. 남편과 조문한 씨가 관을 메고 산소까지 갔는데 건강도 좋지 않았던 남편은 몹시 힘들어 했다. 나중에 보니 몸에 큰 멍이 들어 있었다.

사랑하는 어머니, 독립운동가의 아내로 평생 고생만 하신 어머니는 그렇게 고생스러운 삶을 마감하셨다. 6·25 전에만 돌아가셨어도 가시는 길을 잘 모실 수 있었는데…… 이렇게 어려운 처지에서 돌아가시니 아무것도 해 드릴 수 없었다.

어머니의 죽음에 며칠이고 하염없이 울었다. 이화중학에서 서울여상으로 학교를 바꾼 것도, 남들보다 뒤처져 시작한 공부를 힘겹게 따

어머니 배명원 여사의 묘소. (소사는 명원으로 개명하기 전 이름이다.)

라간 것도 모두 얼른 돈을 벌어 어머니를 돕기 위해서였다. 그런 어머니의 빈자리는 며칠 동안 눈물로도 채워지지 않았다.

그러나 어머니는 비록 가셨지만 아직도 집안에는 남편이 누워 있었다. 딸 아이 관혜도 폐병을 앓고 있고 그 밖에도 딸린 식구가 한둘이 아니었다. 남은 열 식구의 생계를 책임져야 할 사람은 지금 나밖에 없었다. 어떡하든 이 열 식구를 건사해야 할 책임이 있다는 사실에 억지로라도 힘을 낼 수밖에 없었다. 단단히 맘을 먹고 다시 얼마 남지 않은 옷가지를 주섬주섬 챙겨 시장으로 나갔다.

남편이 서울기계 다닐 때 사 준 비단, 여우 목도리, 양단, 남편의 양복, 그리고 금붙이까지 팔 수 있는 것은 모두 들고 나가 팔았다.

조금의 돈이 수중에 들어왔다. 그 돈을 밑천으로 삼아 장사를 시작하기로 했다. 이 적은 돈으로 무슨 장사를 할 수 있을까? 어디서 무슨 장사를 해야 할지……. 장사는 처음이라 막막했지만 동네를 돌며 적당한 자리를 알아보기 시작했다.

그때는 피난을 가서 빈 집, 빈 가게가 많았다. 아현동에서 비어 있는 가게를 하나 찾아내고는 그곳에 상을 깔았다. 전부터 음식 솜씨가 좋다는 말을 많이 들었기에 이왕 경험 없이 시작할 바에는 먹는장사가 가장 나을 듯해서였다.

난리 통이니 정식 가게라고 할 것도 없었다. 그저 비어 있는 공간에 밥상을 놓고 시작한 장사다. 그렇게 장사하는 이는 나뿐이 아니었다. 제대로 된 정육점도 없었지만 가게조차 잡을 수 없었던 사람들 중에는 무허가로 고기를 등에 지고 다니면서 파는 사람들이 있었다. 그 사람들에게서 쇠고기, 돼지고기를 사면 좀 더 싼 값에 살 수 있었다.

그렇게 사들인 고기에 양념을 한다. 그리고 불을 피우고 석쇠에 구워 손님들에게 냈다. 얼마 지나지 않아 음식 맛이 좋다는 소문이 나면서 인근의 노인들, 젊은이들 할 것 없이 모여들었다. 술도 함께 팔았더니 술 한 잔에 고기 한 점을 찾는 사람들이 많아지면서 손님은 더욱 늘어났다.

이 '간이 주막'을 통해서 한 푼 두 푼 돈이 모이기 시작했다. 그렇게 시작한 장사로 현석동 열 식구의 생활은 조금씩 안정되기 시작했다.

하지만 남편의 걱정은 이만저만이 아니었다.

자신이 건강했다면 아내가 길거리에서 장사를 하도록 두지 않았을 텐데……. 남편은 자신의 건강 때문에 내가 열 식구의 생계를 책임지게 된 일에 더없이 미안해 했다. 마냥 집에만 누워 있으면서 아내가 벌어오는 돈으로 먹고사는 자신의 처지를 못 견뎌 했다. 하물며 젊은 여인네가 길거리에서 술을 팔고 있으니 더욱 마음이 상했을 것이다.

그래서인지 남편은 매일 저녁이면 혹시 무슨 험한 일을 당하지는 않을까 싶어 먼발치에서 지팡이를 짚고 지켜보곤 했다. 장사가 웬만큼 되어 생활이 나아지자 남편은 곧바로 술장사를 그만두길 원했고, 나는 그간 마련한 밑천으로 새로운 장사를 시작했다.

두 번째로 시작한 장사는 바로 양키 물건 장사였다. 양키 물건이란 미군 부대에서 흘러나온 군수품과 생필품들이었다. 그때는 전쟁 때문에 쓸 만한 물건이 없기도 했기에 신기하기만 한 미제 물건들이 인기가 있었다.

양키 물건을 주로 사고팔던 곳은 아현동 고개 너머 비어 있는 큰 가게 안이었다. 이 안에서 여러 명의 양키 물건 장사들이 좌판을 하나씩 놓고 장사를 했는데 나 역시 그 틈에 끼었다. 작은 책상 크기의 좌판을 놓고 그 위에 미군 부대에서 나오는 C-레이션(전투식량), 껌, 캐러멜, 과자 등을 놓고 팔았다.

양키 물건들을 파는 것과 비슷하면서도 진짜 돈이 되는 일은 따로 있었다. 당시 이화여대 쪽에 미군 부대가 있었는데, 그 부대 근처에는 양색시들이 몰려 있었다. 그들에게서 달러를 사서 파는 일을 했는데 이 일이 양키 물건을 파는 것보다 돈이 됐다. 양키 물건을 팔든 양키 돈을 팔든 어쨌거나 미군 부대에서 나온 것들을 사고파는 것은 이익이 많았다.

혼자서 두 가지 일을 동시에 할 수는 없었기에 나는 이익이 더 나는 달러 장사를 했고 양키 물건 장사는 동서, 즉 시동생 제순의 처에게 좌판을 맡기는 것으로 정리했다. 이로써 살림은 잘 풀릴 수 있었고 동서도 일을 해서 살림에 보탬이 될 뿐 아니라 자립할 수 있었다.

수중에 돈이 들어오면 가장 먼저 하는 일은 한의사를 모셔오는 일이었다. 남편의 병이 하루빨리 낫기를 바라면서 침을 맞게 하고 한약도 달였다.

그때 집안에 남은 마지막 옷가지며 패물을 팔아 치우지 않았더라면, 길거리에서 술장사를 하지 않았더라면, 양키 물건 장사나 달러 장사를 하지 않았더라면 남편의 병은 언제까지 계속되었을지도 모르고 난리통의 가난에서 벗어나지도 못했을 것이다. 정신없이 돈 버는 일에만 열중하느라 비록 몸은 고단했지만 마음 뿌듯한 일이었다. 그때 여자로서의 억척이 그 후의 안정을 가져다주었으니까.

영식은 찾고, 정혜·덕혜를 잃다

아현동에서 양키 물건 장사가 꽤 자리를 잡아 갈 무렵이었다. 좌판 앞에 앉아 호객을 하고 있는데 낯익은 얼굴 하나가 쑤욱 들이대더니 반갑게 아는 체를 한다. 내가 미처 알아보기도 전에 먼저 반가워하며 말을 건넨 사람은 바로 태식이었다.

태식은 남편과 같은 황해도 연백 사람이었는데, 남편과는 고향에서 부터 잘 알던 사이라 남편이 도움을 많이 주었고, 특히 서울기계에 상무로 있을 때는 자가용 운전수로 직접 고용해서 남편의 차를 몰기도 했다.

고향에서부터 알던 사이라 스스럼없이 남편에게 '형님, 형님' 하며 따랐을 뿐더러 정말로 남편을 좋아했다. 그런 태식이 시장 안에 조그만 좌판을 놓고 쪼그려 앉아 있던 나를 알아본 것이다. 난리를 겪으면서 인연들이 뿔뿔이 산지사방으로 흩어진 때라 어느 얼굴인들 반갑지 않을까마는 태식은 진심으로 반가워하고 기뻐했다.

　서로의 안부를 묻고 어찌 지냈느냐 얘기를 나누면서 태식은 조심스럽게 남편의 소식을 물었다. 나는 6·25 이후에 벌어졌던 여러 상황들과 난리를 겪은 일들을 이야기했다. 태식은 안타까워하면서 "형님은 꼭 회복하실 겁니다. 다시 크게 되실 분이세요."라며 내 손을 꼭 붙잡고 위로했다. 그 말이 그저 인사치레가 아닌 태식의 진심이라는 건 그 말과 함께 뚝뚝 떨어지는 굵은 눈물이 알려 주고 있었다.

　그리 착하고 마음 약한 태식은 인천에 있는 어느 버스 회사에서 자동차 정비 일을 한다고 했다.

　선한 사람과의 만남은 좋은 일을 가져오는 법이다. 태식은 그렇게 만난 지 한 달쯤 후에 기쁜 소식을 가지고 다시 찾아왔다. 황해도 연백으로 피난을 보냈던 영식이 인천에 와 있다는 소식이었다. 두 딸 정혜, 덕혜와 함께 남편 고향으로 보낸 큰아들 영식이 지금 남쪽에 내려와 있다니! 놀라는 것도 잠시였고 나는 태식에게 매달렸다.

　"영식이 지금 어디 있어요? 지금 당장 갑시다. 내 아들이 지금 어디 있는 겁니까?"

　"인천에 있는 피난민 수용소에 있어요. 그간 고생을 해서 몰골이 많이 상했더라고요. 제가 만났어요. 밥도 사 주었는걸요."

　"지금 가요. 당장 데리러 가요."

　"그건 안 되고요. 제가 이리로 데려오겠습니다."

　태식이 영식을 만나자마자 바로 내게 연락한 것은 아니었다. 곧바로 데려올 수 없는 사정이 있었기 때문이다. 그동안 태식은 영식에게 서울의 이야기를 전해 주었고, 서울로 데려오기 위한 준비를 하고 있었다. 그런데 연백에 있어야 할 영식이 어떻게 인천에 와 있는 것일까?

나중에 영식으로부터 전해 들은 그간의 상황은 이랬다.

중공군의 개입으로 전세가 바뀌어 1·4후퇴가 고향 연백에도 밀어닥쳤다. 특히 중공군의 존재가 두려웠다. 그래서 고향의 가족들이 모여 회의를 했는데, 혹시나 욕을 당할 수도 있는 젊은 여성과 인민군으로 끌려갈 수도 있는 젊은 남자는 모두 피신하기로 결정했다.

영식과 일행은 연백에서 배를 타고 강화도로 넘어왔다. 강화도에는 황해도 쪽에서 건너온 피난민들로 가득 차 있어서 순서를 기다려 다시 배를 타고 인천으로 건너갔다. 그러고 나서 동인천에 있는 피난민 수용소로 들어가게 되었다.

함께 피난을 나와 인천의 피난민 수용소에 있던 이들은 남편의 사촌 여동생 제은과 제숙, 연백의 부인과 그의 아들인 준식 등이었다. 정혜와 덕혜는 아직 어렸기 때문에 피난을 나오지 못하고 노인들과 함께 연백에 남았단다. 서울을 떠나보낼 때는 '비교적 큰 아이들'이어서 보냈는데 다시 피난을 내려올 때는 '어렸기 때문에' 남겨 두었다니…….

인천의 수용소에 있는 이들은 서울로 들어올 수가 없었다. 그때는 군사작전상 민간인들이 한강을 건너지 못하게 제한하고 있었기 때문이다. 그래서 황해도에서 피난 온 사람들은 모두 인천의 피난민 수용소에 수용되었다.

수용소에서의 생활은 비참했다. 황급히 먼 길을 떠나오느라 무엇 하나 제대로 챙겨 오지 못한 피난민들을 수용소에 몰아넣었으니 이들이 거기서 농사를 지을 것인가, 장사를 할 것인가. 먹을 것이나 제대로 있었을까.

돈을 벌 수단도 없었다. 그래서 영식은 가끔 석탄을 싣고 가는 기차의 철로 옆에 숨어 있다가 석탄이 기차에서 굴러 떨어지면 그것을 모아 시장에 가서 팔기도 했다 한다. 그래도 밥을 먹을 수 없으니 할 수 있는 일이란 주린 배를 채우기 위해서 쓰레기통을 뒤지는 것뿐이었다. 동인천역 앞에는 채소장사들이 모여 있는 채미정 거리가 있었는데, 그 길을 어슬렁거리다 버린 채소들을 뒤져 그나마 멀쩡한 채소를 주워 먹으면서 배를 채우곤 했다는 것이다.

영식은 그렇게 배를 채우기 위해 이리저리 돌아다니다가 시외버스 종점에서 타이어 펑크를 때우는 태식을 만나게 되었다. 태식은 몰골이 몹시 상한 영식의 모습이 매우 안타까웠다. 우선 영식을 수돗가로 데려가 얼굴을 닦게 하고는 손을 잡고 인근 중국집으로 데려가 짜장면을 사 주었다. 영식은 그때 태식이 사 준 시외버스 종점 근처 중국집의 짜장면을 평생 잊지 못한다. 나중에 어른이 된 영식은 인천 석바위에서 '경기판지주식회사'를 운영할 때 가끔 그 중국집을 찾아 짜장면을 먹곤 했다.

나를 만나고 난 후 태식은 영식을 다시 찾아 짜장면을 사 주었다. 영식은 그날도 허겁지겁 짜장면으로 배를 채우면서 태식에게서 어머니와 가족 소식을 들을 수 있었다. 짜장면을 먹던 영식은 이 반가운 소식에 큰 소리로 목 놓아 울고 말았다. 그날은 영식이 배와 가슴이 한꺼번에 채워지는 날이었다.

태식은 영식이에게 먹을 것만 사 준 것이 아니었다. 영식이를 다시 우리 가족의 품으로 돌려보내는 데도 큰 힘이 되었다. 만약 이때 태식의 도움이 없었다면 영식을 서울로 데려올 수 없었을지도 모른다.

영식이가 한강을 건너도록 태식이가 도와줄 수 있었던 건 당시 그가 미군 부대 일을 도와주고 있었기 때문이다. 전쟁 전부터 남편의 기사 일을 했던 태식은 자동차를 고치는 기술도 있어서 그 기술을 가지고 미군 부대 차량을 수리하는 일도 돕고 있었다. 이런 인연을 통해서 태식은 미군 부대의 하우스보이 신분증을 만들 수 있었고 영식은 그 신분증으로 한강을 건널 수 있었다.

그렇게 태식은 영식이를 서울로 데려왔다. 태식의 손에 이끌려 아현동의 양키 물건 좌판으로 찾아온 영식과 나는 길바닥에서 서로를 부둥켜안고 하염없이 통곡했다.

혹시나 화를 입을까 해서 고향으로 보낸 아들, 전쟁 통에 헤어진 큰아들이 거지꼴을 하고 나타났으니 어미의 맘이 오죽했겠나. 우리는 다른 말은 못하고 그저 '아이구, 영식아……', '어머니……'만 부르짖으면서 울기만 했다. 애처롭고 억울하면서도 그 반가운 마음이란…….

한참을 울고 난 뒤에야 정신을 수습하고 영식에게 물었다.
"정혜는? 덕혜는?"
"……."

승혜를 하늘로 보내다

양키 물건 장사가 자리를 잡아 갈 즈음 남편은 혼자 부산행을 결심했다. 아직 영식이가 돌아오기 전의 일이다.

부산에는 연백 고향 부인의 오빠, 즉 손위 처남이 있었는데 꽤 잘살았다. 그때는 온 나라가 다 전쟁으로 무너졌지만 부산만은 전쟁의 포화를 입지 않은 데다가 피난민들까지 몰려들어 경기가 좋았던 때다.

몸이 아픈 남편과 떨어져 있는 것이 내키지는 않았지만 그래도 처남의 도움을 받을 수도 있고 치료에 전념할 수 있겠다 싶어 남편의 뜻을 이해해 주었다. 남편은 일단 병을 고치고 나면 사람들이 많고 경기가 좋은 부산에서 돈도 벌어 보겠다는 생각에 혼자 부산으로 내려갔고, 나는 서울에 남아 가족들과 생활을 꾸려 가고 있었다.

영식이 인천에서 아현동으로 돌아온 후에, 함께 연백에서 피난을 나온 친척들, 즉 남편의 사촌 여동생 2명, 연백의 부인과 그의 아들 준식 등은 모두 부산으로 내려갔다. 한강을 건너지 못하니 서울로 들어올 수는 없고, 마침 부산에 잘사는 친척이 있으니 그리로 모인 것이다.

영식이 돌아왔다는 소식을 들은 남편은 가족들 모두 부산으로 내려오라고 했다. 남편과 연백의 친척들이 모여 있는 부산에 우리 가족만 안 가는 것도 그렇고, 남편의 병수발도 할 겸 서울에 남은 가족들을 모두 데리고 부산으로 가게 되었다.

아무리 잘산다고 해도 그 많은 사람들이 모두 모여 살기에는 비좁았다. 남편은 몸이 완전히 회복되지 않아 그대로 처남 집에 머물렀지만, 연백 사람들이 모두 모여 있는 그 집에는 4명의 아이들이 있는 나까지 머무를 방은 없었다. 할 수 없이 그 집에서 500미터쯤 떨어진 곳에 단칸방을 구해서 부산의 살림을 시작했다.

서울에서의 장사는 제법 자리를 잡았지만 그걸 다 털고 부산으로 왔으니 여유가 있을 리 없었다. 게다가 남편의 병수발도 해야 하니 다시 장사를 시작해야 했다. 멀리 갈 것 없이 해운대의 그 집 앞 골목 어귀에 노점 좌판을 펴고 껌이나 과자 같은 물건들을 팔기 시작했다. 어린아이들을 돌봐 줄 사람이 없으니 집에서 멀리 나갈 수는 없었다. 좌판을 지키는 것은 나의 몫이었고, 이미 어른 한 몫을 할 수 있는 영식이는 학교를 다니면서 물건을 떼어 오는 일을 맡았다.

비록 작은 노점이기는 했지만 조금이라도 돈이 생기면 남편의 병구완에 모두 썼다. 병을 고치기 위해 부산까지 온 마당에 하루빨리 자리를 털고 일어나도록 하는 게 급했다.

그렇게 여러 사람이 정성을 쏟은 덕에 남편의 몸은 회복되어 갔다.

마침내 건강을 되찾은 남편은 친구들의 도움으로 무역회사를 운영하게 되었다.

다행히 남편의 일은 잘 풀렸다. 사업이 잘되면서 김해에 집도 한 채 장만했고 대략 3년 가까이 그곳에서 살았다. 그동안 김해에서 시내버스도 두 대를 장만해서 운행했는데 이 덕에 경제 사정은 안정을 찾았다. 서울에서든 부산에서든 경제적으로 안정을 찾을 수 있어서 참으로 다행이었다.

김해에 있는 동안 전쟁이 끝나고 휴전이 되었다.

전쟁 통에 모여들었던 사람들은 고향으로 돌아가는 일이 많았고, 우리 가족 역시 그간 터를 잡은 김해를 뒤로 하고 서울로 되돌아가기로 결정했다. 부산에서 남편의 병을 고치고 어느 정도 경제적인 안정도 찾았으니 홀홀 털고 서울로 가는 길은 금의환향이 아니었을까.

김해에서 운행하던 그 시내버스 중 한 대에 온 가족이 올라타고 태식이 운전을 해서 서울로 향했다. 고속도로가 있던 때도 아니니 덜커덩덜커덩 달려갔다. 하루 종일 차 안에 있으면서도 마음은 그리 가벼울 수가 없었다. 내가 자란 곳, 나의 고향, 우리 가족들과 오순도순 살아갈 터전인 서울로 돌아가는 길은 그렇게 신나고 기쁘고 새 희망에 가득한 길이었다.

부산에서 서울까지 하루 만에 갈 수도 없고 하루 종일 차 안에 있었으니 하룻밤은 평택에서 묵어 가기로 했다.

너무 기쁨에 들떴던 걸까. 그 평택에서 웃음이 사라지고 눈물만 남게 되는 사고가 일어나고 말았다. 사고는 잠시 한눈을 판 사이 순식간에 벌어졌다.

태식의 아들과 차에서 놀던 승혜가 버스 문에서 굴러떨어졌다. 하필이면 버스가 후진하던 중이라 승혜는 그만 앞바퀴에 치이고 말았다. 어린아이가 버스 바퀴에 치었으니 온전할 리 없었다.

처음에는 약간 탈장이 되었다. 놀라 달려간 평택 병원에서는 빨리 서울의 큰 병원으로 가라고 했다. 다시 버스를 돌려 서울로 달렸지만 서너 시간이 지나서야 서울로 들어왔다.

서울 백병원에 도착해 승혜의 상태를 보니 탈장이 계속 진행되어 이미 장이 손바닥만큼 나와 있었다. 시간이 갈수록 장은 점점 몸 안에서 빠져나오고 있었다. 제발 이 아이를 살려달라고 사정사정해 봐도 의사는 고개를 가로저었다. 벌써 장기의 미세 혈관이 다 망가져서 손을 쓸 수가 없다고만 한다. 도저히 고칠 수 없으니 집으로 돌아가라고 했다.

혹시라도 승혜를 살려 줄 의사는 없을까 해서 정신만은 아직 멀쩡했던 승혜를 데리고 몇 군데의 병원을 더 돌아다녔다. 하지만 의사들의 대답은 모두 똑같았다. 지금의 의술이라면 충분히 고칠 수 있었을 텐데…….

서울 시내를 돌고 돌다 하는 수없이 새로 묵을 신당동 집으로 데려왔다. 승혜는 이미 장이 거의 다 빠져나와 있었다. 손으로 밀어 넣어서라도 살리고 싶었지만 그럴 재간이 없었다.

죽어 가는 승혜가 "엄마, 많이 아파! 병원에 가자." 하고 조른다. 병원에 가서 아프지 않을 수만 있으면 가지 않을 부모가 어디 있으랴. 벌써 몇 군데 병원을 돌고 도는 동안 지칠 대로 지친 아이를 둘러업고 나섰다가 길거리에서 숨을 거두게 되면 어쩌나. 아프다는 승혜를 업고 방안만 서성일 수밖에 없었다. 너무 안타까운 심정에 차라리 빨리 숨이라도 끊어질 것이지, 얼른 이 아이의 고통이라도 멈추게 해 주시지 하는 마음까지 들었다. 옆에서 지켜보던 관혜도 어린 승혜를 붙잡고 하염없이 울었다.

불쌍한 우리 승혜…… 우리 아이들 중에 제일 예쁘고 귀여웠던 막내딸…… 승혜는 그렇게 이틀을 버티다, 마침내 하늘로 갔다.

남편의 말버릇 '남산 반쪽'

　전쟁은 휴전으로 막을 내렸다. 서울이 함락되고 수복되는 과정에서 몸이 상했던 남편은 부산에서 건강을 되찾고 온 가족과 함께 서울로 올라왔다. 부산에서는 사업이 꽤 성공하기도 했었지만 서울로 올라와서는 다시 새로 출발해야 하는 입장이었다.

　전쟁을 겪으면서 우리 가족에게도 많은 변화가 있었다. 내가 낳은 자식들은 모두 일곱이었는데, 영식(38년생), 정혜(40년생), 덕혜(42년생), 관혜(44년생), 승혜(46년생), 인식(49년생), 난혜(52년생)가 그들이었다. 그런데 이 중에서 셋이 내 곁을 떠나고 넷만 남았다. 6·25 전 남쪽 땅이었던 황해도 연백이 휴전 이후에는 북쪽 땅에 속하게 되면서 정혜와 덕혜는 북쪽에 남게 되었고 예쁜 딸 승혜는 하늘나라로 보내고 말았다.

　전쟁의 상처로 가족이 줄어들긴 했지만 그러면서 가족의 소중함을

어린 시절의 관혜(맨 오른쪽), 인식(가운데), 난혜(맨 왼쪽).

다시 깨닫게 되었다. 특히 남편은 병 때문에 가정을 책임질 수 없게 되면서 내 억척스런 장사를 안타까운 마음으로 바라보기만 해야 했으나, 병에서 일어나 재기에 성공하는 과정에서 부부간의 정은 더 깊어졌다.

남편은 억울하게 부역으로 몰려 한겨울에 조사를 받으면서 얻은 폐병으로 죽을 고비를 넘겼지만 나는 집안의 기둥인 남편을 위해 극진히 간호를 했고 남편은 드디어 자리에서 일어날 수 있었다. 다행히 남편은 수완이 있는 사람이어서 하는 일이 잘되었다.

그때 우리가 지닌 재산은 돈암동의 이층집, 김해에서 살던 집을 판 돈, 김해에서 운영하던 두 대의 버스였다. 그리고 부산에서 친구와 함께 세운 무역회사가 있었다. 아직 젊은 패기도 있었지만 무엇보다 남편의 성격이 활동적인 데다 머리가 비상해서 사업을 꾸리는 재주가 남달랐다. 또 몇 차례의 성공한 경험도 있었으니 남편은 언제나 활기찼다. 무슨 일을 하든지 자신감 있게 이끌어 나가는 사람이었다.

물론 하는 일이 모두 잘된 것은 아니었다. 잘되는 일이 있으면 안 되는 일도 있는 법이니까. 가끔은 운이 좋지 않은 경우도 있었다.

실패한 사업 중의 하나는 '인천제빙'이라는 얼음회사였다. 부산에서 서울로 올라와 신당동 부근의 동화동에 방 4개짜리 집을 보금자리로 마련한 다음, 남편은 부산에서부터 하고 있던 무역회사를 접었다. 그리고 가까운 선배 이필상 씨와 함께 인천에 '인천제빙'이라는 회사를 세우고 전무로 취임했다. 그 당시는 얼음이 귀할 때라 얼음 만들어 파는 공장의 수입이 꽤나 괜찮았고, 어선에 얼음을 대 주고 있어서 수입도 안정적이었다. 그러나 날씨 탓에 실패를 하게 되었다.

1956년 여름이었을 것이다.

그해 여름은 유난히 비도 많이 오고 바람도 거셌다. 여름인데도 기온이 낮아 얼음이 잘 팔리지 않았다. 게다가 비바람이 많고 기상도 아주 좋지 않아서 어선들이 출항하지 못하는 날이 많았다. 회사의 주 고객이 어선이었는데 어선들이 고기를 잡으러 나가지 못하니 덩달아 얼음도 팔리지 않게 되었다.

자본이 튼튼하지 않았던 인천제빙은 결국 그 이듬해 봄 문을 닫을 수밖에 없었다.

사업에 실패한 때문인지 남편은 다시 건강이 나빠져서 몇 해를 쉬게 되었다. 물론 마냥 쉬기만 한 것은 아니었고 나의 모교, 서울여상의 재단이사를 맡고 있었다. 운이 좋은 건지 수완이 좋은 건지, 몇 년 지나지 않아 서울여상과 또 다른 인연을 맺게 되었다. 당시 서울여상 재단이 소유하고 있던 창신동의 산을 개발하는 일을 맡게 되었는데, 남편이 이때 만든 회사가 '금강채석장'이었다.

건축용 돌을 캐는 채석장 사업은 그때까지만 해도 상당히 전망이 있는 사업이었다. 하지만 채석장 주변에는 민가가 많았다. 민가에 피해를 주지 않고 돌을 캐내기는 쉽지 않았다. 돌을 캐내기 위해서는 발파를 해야 하고 먼지도 많이 나기 때문에 주민들의 민원이 많았다. 특히 사업이 본격화될 즈음에는 주민들의 민원이 집중되어 더 이상 사업을 할 수가 없게 되었다.

다음으로 한 일은 일본으로부터 프로판가스를 수입해서 판매하는 일이었다. 남편은 '대광기업'이라는 회사를 세우고 사장에 취임했다. 그러나 이 사업 역시 새로운 에너지 수입이라는 큰 비전이 있었지만 아직은 너무 이른 사업이었다. 사람들은 그때까지 프로판가스보다는 연탄이나 석유곤로를 많이 사용하던 때라 몇 년 후에는 사업을 접고 말았다.

비록 사업은 접었지만 남편은 이 회사에서 평생 친구인 백언기 선생을 만났다. 그때 상무로 일하던 백언기 선생은 사업하는 배짱도 남편과 잘 맞았고, 술친구가 되기도 했으며, 정치적으로는 야당 성향인 것까지 남편과 비슷했다. 처음에는 사장과 상무였지만 나중에는 서로에게 크게 의지하는 사이가 되었다. 오죽하면 남편은 운명이 다하는 날까지 매일 아침 백언기 선생과 30분 정도씩 통화하며 세상일을 다 논해야만 직성이 풀린다고 했을까.

이렇게 여러 가지 사업을 하면서 성공도 하고 실패도 했지만, 그중에서도 남편이 제일 아쉬워한 사업은 '협동생명보험회사'였다. 남편은 이 회사의 사장을 맡았는데 그대로 잘 성장했으면 지금 다른 보험회사처럼 대기업으로 성장했을 것이다. 하지만 박정희 정권 시절에 보험업계를 정리할 때 강제로 정리되고 말았다. 보험회사가 정리된 후 남편은 건강과 사업 두 가지로 어려움을 겪었다.

이때 시작한 남편의 말버릇이 바로 '남산 반쪽'이다.

부산에서 올라와서 사업을 하다 실패하면 몇 년을 쉬고 다시 사업을 하다 쉬기를 반복했으니 10년 동안 거의 직장 나가는 기간 반, 집에서 몸조리하며 쉬는 기간이 반쯤된 셈이다.

남편은 술 마시기를 좋아했고 친구들과 어울리기를 즐겼다. 사업을 쉬는 기간 동안 남편은 밖에서 친구들과 술을 거나하게 한잔하는 경우가 많았는데 그런 날이면 어김없이 동네 어귀에서부터 멋들어진 '백마강' 곡조가 들리곤 했다. 늦은 밤, 저 멀리서 '백마강 달~밤에~' 하는 구성진 노랫가락이 들리면 문 앞에 나가 남편을 마중했다.

밖에서 기분 좋게 마시고 들어왔어도 집에서 한잔을 더 하는 경우가 많았다. 남편은 정종, 즉 청주를 좋아해서 집안의 술상은 늘 정종을 곁들인 주안상이었다. 기분이 좋을 때면 남편은 자는 아이들까지 다 깨워서 노래를 시키곤 했다. 아이들이 노래를 마치면 꼭 하는 말이 '남산 반쪽'이었다.

"남산 반쪽이 내 거야! 여보! 그리고 얘들아! 이 아버지가 남산 반쪽을 갖고 있으니까 아~무 걱정 하지 마라!"

남편은 얼마나 사람들과 어울리는 걸 좋아했는지, 자기 친구들뿐만 아니라 맏아들 영식이의 친구들과도 함께 어울렸다. 영식이 경동고등학교 2학년 되면서부터는 영식의 친구들이 집에 올 때마다 함께 술도 마시고 화투도 함께 치곤 했다.

최근에 막내아들 원식이가 고등학생 딸과 그 친구들을 데리고 집옥상에서 한잔했다는 얘기를 듣고는 '어이구, 역시 피는 못 속이는구나' 하는 생각이 들었다. 어쩌면 부전자전도 그런 쪽까지 빼다 닮는 건지…….

술만 들어가면 나오는 얘기가 '남산 반쪽'이다 보니 우리 집 아이들뿐 아니라 당신 친구들은 물론이고 영식이의 친구들에게까지도 익숙한 말이 되었다.

남편은 화투도 좋아했다. 친구들과 어울리는 날에는 술 한잔하면서 화투를 치는 날이 꽤 많았다. 재미로 치는 화투지만 가끔 돈을 따는 날도 있었다. 기분이 좋아서 집에 들어오면 언제나 그렇듯이 정종 주안상을 내오라 하고 아이들에게는 노래를 시켜, 노래를 잘한 아이와 '남산 반쪽' 이야기에 호응하는 아이에게 따온 돈을 용돈으로 나누어 주

남편과의 단란한 한때.

기도 했다.

재미있는 일이 하나 있다.

막내 원식이가 초등학교 1학년에 입학했을 때다. 어느 날 선생님께
서 '원식이 아버님은 뭐 하시냐?'라고 물었단다. 원식이는 부끄러워서
크게는 대답을 못하고 선생님께 귓속말을 했단다.

"저…… 화투 쳐서 돈 벌어 오셔요."

이 얘기를 듣고 우리 가족은 모두 배꼽을 잡고 웃었다.

사업을 하지 않는 시기에는 이렇게 쉬면서 놀면서 술도 마시고 화
투도 치면서 지냈지만 그러다 새로운 사업을 할 때는 일에 몰두하는
사람이었다.

남편의 '남산 반쪽'은 그저 농담이 아니었다. 늘 친구들에게, 아이들에게 얘기하는 남산 반쪽은 남편의 희망이자 비전이었다. 힘차게 일으킨 사업이 무너질 때마다 남편을 지탱해 준 것이 그 '남산 반쪽'이라는 희망이었다. 나도 그걸 잘 알기에 남편의 그 허풍에도 '그럼요, 그렇고 말구요' 하며 그의 꿈이 정말로 현실이 되기를 늘 기원했다.

말이 씨가 된다고 했다. 말하는 대로 이루어진다고도 했다. 남편의 '남산 반쪽'도 결국은 이루어졌다.

1965년경에 청운동에 있는 넓은 땅을 싼값에 샀다. 청운동은 청와대 뒤편이라 개발 제한 지역으로 묶여 있었기 때문에 싸게 살 수 있었다. 운이 좋았던 거다. 그런데 더 큰 운이 따라 주었다. 수완 좋은 남편은 2년 후에 이 땅을 주택지로 개발하는 데 성공했고 덕분에 큰 재산을 얻게 되었다.

개발 제한이 풀리고 주택지로 허가가 나던 날, 친구들과 신나는 축배를 들고 귀가한 남편은 그날도 술상을 내오라 했다. 그리고 온 가족을 모두 불러 모았다. 장남 영식에게도 술을 한 잔 따라 주면서 이렇게 말했다.

"이제 됐다. '남산 반쪽'이 이제 되었어!"

남편의 희망이자 목표였던 '남산 반쪽'이 청운동 택지 개발을 통해 이루어진 것이다. 몇 번의 실패 끝에 찾아온 청운동에서의 대성공, 그런 성공이 가능했던 이유 역시 오랫동안 남편의 가슴에 있었던 '남산 반쪽' 덕택이었다.

심심풀이 오징어 땅콩 있어요

1957년 초, 남편이 인천제빙을 그만두고 집으로 들어왔다.

남편은 사업이 실패하면서 신경을 많이 쓴 탓인지 다시 건강이 악화되어 집에서 쉬게 되었다.

난혜 다음으로도 천식(54년생)과 원식(57년생)이 태어나 아이들은 모두 여섯이 되었다. 여기다 황해도 연백에서 내려온 남편의 아들 준식까지 함께 살게 되었으니 모두 아홉 명의 대식구였다. 남편이 일을 쉬고 있으니 예전에 아현동에서 양키 물건 장사를 할 때처럼 다시 내가 나설 차례였다.

이때 시작한 일이 극장의 매점을 운영하는 것이었다.

매점을 시작하게 된 것도 좋은 인연 덕분이었다. 남편은 모교인 한성고등학교 동창회장을 맡았었는데 그 인연으로 한성고등학교 이사장인 김주익 선생의 부인 김성숙 씨(이하 김 선생)를 알게 되었다. 김주익 선생은 전쟁 전에 국회의원을 지내다가 6·25 때 납북된 터라 그 부인 김 선생이 몹시 마음이 어려웠던 때였다. 그래서 김주익 선생이 아끼던 남편을 그 부인인 김 선생도 무척 아껴 주었다.

김 선생은 서대문 근방의 동양극장도 소유하고 있었는데 그 극장의 매점 수입으로 연세대학 다니는 딸 희정의 학비를 대고 있었다. 하지만 매점 직원들이 제대로 일을 하지 않아 수입이 신통치 않았기 때문에 김 선생은 매점을 제대로 운영해 줄 사람을 찾고 있었다.

마침 쉬고 있는 남편의 사정을 딱하게 여긴 김 선생이 매점 운영을 제안했는데 남편은 건강 때문에 그 제안을 받아들이지 못했나 보다. 얼마 후 남편에게서 매점 이야기를 건네 들은 나는 '그렇다면 내가 하면 되겠네' 하고 남편을 졸라서 김 선생을 만났다. 김 선생이 내세운 조건은 딱 하나였다. 김 선생의 딸 희정의 학비를 책임지는 것이었다. 그렇게 김 선생을 만난 자리에서 바로 매점을 맡기로 결정하였다.

첫 출근일은 1958년 9월 18일이었다.

오래된 일인데도 날짜를 기억하는 이유는 그날이 바로 막내아들 원식이의 돌날이었기 때문이다. 돌잔치도 제대로 차려 주지 못하고 아직 젖도 떼지 않은 돌배기 아이를 집에 떼어 놓고 출근하던 그날을 어찌 잊을 수 있을까.

대식구의 살림은 외가 쪽 친척인 배씨 아줌마가 맡아 주었다. 배씨 아줌마는 어머니 배명원 여사의 고향 양평에서 올라오신 분이라 마음 놓고 살림을 맡길 수 있었다.

요즘의 극장 매점이야 상영관 밖에다 기성 제품들을 차려 놓고 손님을 기다리는 장사지만 그때는 좀 달랐다. 영화 도중에 15분 정도의 휴식시간이 있는데, 그때 관객이 바뀌기도 하고 영화 중간에 들어온 사람들은 미처 보지 못한 앞부분을 보기 위해서 그대로 앉아 있기도 했다. 이 휴식시간 15분 동안 매점 직원들이 상영관 안으로 들어가서 직접 물건을 팔았다.

종업원들은 군것질거리를 담은 작은 상자를 하나씩 들고 들어가는데, 주로 팔던 물건은 구운 오징어, 과자, 아이스케키, 땅콩 등이었다. 그중에서도 꽈배기, 눈깔사탕이 단연 인기가 좋았다. 얼마 전까지 야구장에서 물건 파는 것과 똑같은 방식이다.

매점에서 파는 물건은 대 주는 상인이 따로 있었다. 이 상인들이 매점에서 팔 물건을 가져다주면 종업원들은 그걸 작은 상자에 담아서 상영관 안을 돌면서 팔았다. 그런데 가만히 보니 이 상인들한테서 물건을 받아 팔면 편하기는 하지만 이익이 별로 남지 않았다.

그래서 매점 운영방식을 바꾸기로 했다. 납품하던 상인들과는 거래를 끊고 매일 퇴근길에 방산시장에 들러 도매로 물건들을 직접 구입했다. 이것들을 작은 봉지에 나눠 담아 파는 방식으로 바꾸었다.

퇴근길에 방산시장에서 물건과 비닐봉지를 사서 집으로 가져온다. 집에서는 아이들과 빙 둘러 앉아 봉지에 과자를 넣고 촛불로 비닐봉지를 붙이는 작업을 매일 했다.

아이들은 이 작업을 무척 즐거워했다. 온 식구가 다 둘러앉아 무언가를 하는 것도 재미있는 데다 봉지에 과자를 담으면서 슬쩍슬쩍 하나씩 빼먹는 재미도 쏠쏠했기 때문이다.

매점 운영방식을 바꾸고 나니 이익이 많이 늘었다. 늘어난 이익은 열 식구의 생활을 안정시키기도 했지만 한편으로는 사업을 확장하는 바탕이 됐다. 서대문 동양극장뿐만 아니라 서울 시내의 유명한 극장 매점을 차례차례 인수해 나갔다. 신설동 노벨극장, 청량리 신도극장, 종로 화신극장의 매점을 차례로 인수했다.

이렇게 여러 개의 매점을 운영하게 되니 이제는 직접 물건을 파는 것이 아니라 팔 물건을 공급하는 게 가장 큰 일이 되었다. 방산시장에서 도매로 물건을 떼고 봉투에 나눠 담아 여러 극장의 매점으로 가져다주는 일이 중심이 되었다. 운영하는 매점이 많아지고 만들어야 하는 봉투도 많아지다 보니 식구들만으로는 벅차게 되었다. 그래서 아예 제품 만드는 일에도 몇 사람의 일꾼을 고용했고 극장마다 매점을 관리할 지배인도 고용했다. 수금은 일주일에 한 번, 금요일마다 일주일 치를 받아서 집으로 들어왔다. 그러니까 수금을 하는 금요일 저녁에는 가방이 제법 두툼했다.

그러던 어느 금요일 저녁이었다. 여러 극장의 일주일 치 판매 수입으로 두둑해진 가방을 들고 퇴근하던 길이었다.

그때 살던 동화동 집은 버스 정류장에서 걸어서 20분쯤 올라가야 하는 산꼭대기에 있었다. 버스가 서는 큰길에 내리면 큰 건물들이 있었고 한참 더 걸어가다가 일본식 2층집, 적산가옥들이 있는 어두침침한 길을 지나야 했다.

그날도 그 어두침침한 거리를 지나고 있는데 누군가가 컴컴한 모퉁이에 서 있었다. 누구를 기다리나 보다 하고 지나치려는데 갑자기 그림자처럼 다가오더니 돈 가방을 빼앗으려고 달려들었다.

밤길 도둑 사건 이후 귀가하는 나를 남편이 마중 나왔다.

"도둑이야! 도둑이야!"

순식간에 일어난 일이라 당황하긴 했지만 이 가방만은 절대 뺏기면 안 됐다. 나는 목이 터져라 필사적으로 소리치면서 가방을 가슴팍에 꼭 끌어안은 채 엎드려 뒹굴었다.

당황한 건 나만이 아니었나 보다. 여자라 만만히 보고 가방을 뺏으려 덤볐던 도둑은 화들짝 놀라 오히려 도망쳐 버렸다.

이 일이 있은 다음부터는 남편과 큰아들이 번갈아 버스 정류장까지 마중을 나와 주어 다시는 그런 봉변을 당하지 않았다.

생활에 여유가 생기면서 집에도 빈손으로 들어오는 일이 없었다. 퇴근할 때는 항상 아이들 먹을 것을 사 가지고 들어갔는데 제일 많이 사간 것이 만두였다. 만두는 처녀 적부터 좋아하던 간식거리였는데 아이들도 만두를 좋아했다.

따뜻한 만두 봉지를 안고 '얘들아, 엄마 왔다' 하며 집안으로 들어서면 아이들은 꼭 어미 새가 물어다 주는 먹이를 기다리던 새끼 새들처럼 재재거리며 달려들었다. 그 모습이 어찌나 사랑스럽던지……. 퇴근길에 사들고 간 만두는 내 얼굴에서 미소가 가라앉기도 전에 아이들 입속으로 순식간에 사라지곤 했다.

매점 운영은 거의 10년간 계속되었다. 1968년에 남편의 '남산 반쪽', 청운동 개발이 성공하고 그 즈음 시작한 '경기판지주식회사'가 자리 잡을 때까지 우리 식구의 수입원이 되었다.

살림의 노하우―적어 두기

돌이켜 보니 정말 많은 일들을 하며 살았다.

결혼 전에는 아버지 김한 선생의 독립운동으로 기울어진 가세를 책임져야 했고, 결혼한 후에는 남편이 어려움에 처할 때마다 팔을 걷어붙이고 생활전선에 나섰다. 그리고 운 좋게도 그때마다 단 한 번의 실패도 없이 위기를 잘 넘겼다.

어떤 때는 뒤에서 수레를 미는 역할일 때도 있었고, 때로는 앞에서 끌어 가는 책임을 진 적도 있었다. 그러다가 남편의 사정이 좋아지면 집에서 살림을 책임지는 주부로서 살았다. 아이들 아홉을 낳아 하나를 잃고 둘은 북에 있어 헤어졌지만 그래도 여섯 아이를 잘 키우고 다들 큰 탈이 없었으니 이만하면 집안 살림도 잘 해낸 셈이다.

내 이야기를 들려 달라는 막내 원식이는 어떻게 그렇게 많은 역할을 할 수 있었냐고 묻는다. 글쎄……, 별다른 건 없고 그저 일이 있을 때마다 적어 두는 습관 덕분이 아니었을까 싶다. 젊을 때부터 가계부를 꼭꼭 쓰다 보니 언제 무슨 일이 있었고 언제 어떤 일을 해야 하는지 알 수 있게 된다.

나는 두 가지 가계부를 썼다.

하나는 서울여상 7회 졸업생 대표로서 적는 동창회 모임의 금전출납부이고, 다른 하나는 수십 년 동안 써온 집안의 가계부이다.

먼저 동창회 금전출납부는 20년가량 기록해 왔는데 형식은 늘 같다. 한쪽 구석에는 모인 장소, 참석자 명단, 회비 납부현황, 식대 등 회비 사용 현황과 보관하고 있는 잔금 내역, 그리고 회비 사용 영수증을

동창회 회계장부

보관한다.

그리고 이 장부에는 모임에서 어떤 일이 있었는지도 간단히 메모해 둔다. 그래서 이 금전출납부만 보면 언제 무슨 일이 있었는지 알 수 있다. 98년 동창회 금전출납부를 들춰 보니 '98년에는 곗돈은 모으지 않기로 했고 식사대는 1만원씩만 내고 나머지는 예금하기로 했음'이라고 써 있다. 그리고 98년 2월부터 모이는 장소를 한일관으로 한 것도 적혀 있다.

서울여상 7회 대표를 종신으로 할 수 있었던 것은 남은 졸업생이 얼마 되지 않기도 하지만, 이렇게 공정하고 정확하게 기록하고 관리하는 걸 동창들이 잘 보아주고 믿어 준 덕이다.

이사를 하면서 많이 없어지긴 했지만 아직도 가계부가 열 권 정도는 남아 있다. 가계부에도 동창회 금전출납부처럼 살림 전반을 기록해 둔다.

가계 수입과 사용처, 그리고 그날의 주요 사항들을 적어 둔다. 나이가 먹을수록 이렇게 적어 두는 일이 필요하다. 자꾸 기억을 하고 생각을 많이 해야 정신건강에도 좋으니까.

87년 1월의 가계부에는 딸의 옷감, 손주 용돈과 세뱃돈, 남편의 약값과 반찬값 등이 적혀 있다. 빵, 콩나물, 시금치, 김, 미역, 케토톱, 제놀, 안약, 미란타, 고기구이 틀, 변기 앞에 놓는 발판 등등…… 반찬거리와 생활용품들을 사면서 쓴 목록과 액수를 빠짐없이 적어 두었다. 87년이면 71세 되던 해다.

돈 쓴 것만 적어 두는 게 아니다. 그 외에 생활에 필요한 모든 것들

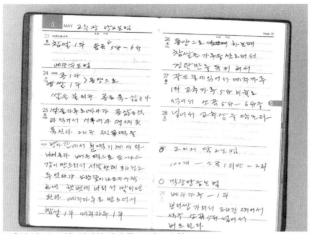
고추장 담그는 법을 자세히 적어 둔 88년도 수첩

은 수첩에 따로 적어 두었다. 예를 들면 이런 거다. 88년도 수첩에는 '바퀴벌레 잡는 약 제조법', '만성위염에 좋은 약 제조법', '고혈압, 저혈압, 신경통에 좋은 약 제조법', '고추장 담그는 법', '오이지, 막장 담그는 법', '왜된장국 끓이는 법', '술 담그는 법', '한방상약', '변비에 좋은 약 제조법' 등등 제목을 달고 내용을 빠짐없이 적어 둔다. 그래야 나중에 잊고 있다가도 다시 떠올릴 수 있으니까.

이를테면 '고추장 담그는 법'은 이렇게 적어 놓았다.

"우선 메주를 쑤는데, 콩 1斗와 쌀 1斗를 같은 양으로 하여 쌀은 불리고 콩은 푹 삶는다.

쌀은 가루로 빻아다가 콩 삶은 것과 섞어서 시루에다 떡 찌듯 푹 찐다.

그리고 찐 콩떡을 방앗간에서 흰떡 기계에다 빼 온다.

빼온 떡으로 도너스 같이 만들어서 서늘한 데 3일 정도 두었다가 노란 꽃이 나오기 시작하면 햇볕에 널어서 말리면 메주가 된다.

메주를 가루로 만들어서 찹쌀 1斗, 메주가루 1斗를 같은 양으로 하는데 찹쌀은 가루를 만들어서 경단 만들듯이 해서 끓는 물에 익힌다.

메주가루 1斗와 고춧가루 5分 비율로 섞어서 소금 5分~6分을 넣어 고추장을 만든다.”

아울러 수첩에 적어 두는 것은 주로 잊기 쉽지만 잊으면 안 되는 것들이다. 친척들의 제삿날, 아이들 생일은 물론이고 집안의 대소사를 모두 적는다.

이렇게 적어 두면 좋은 것이 또 있다. 세월이 오래되다 보면 기억이 흐릿해져서 불확실한 일들이 많아지는데, 이렇게 죄다 적어 두면 잘못 기억하는 일이 없어진다. 누가 혹시 잘못 기억하고 있으면서 나에게 우기기라도 하면 수첩을 꺼내서 그때 써 둔 것을 찾아보기만 하면 된다. 수십 년 전의 돈거래와 그 후 상환 과정까지 모두 적혀 있으니 혹시라도 거짓말하거나 잘못된 기억으로 우기는 사람도 없어졌다.

수첩에 적어 둔 건 또 있다. 바로 노래 가사이다.

내가 제일 좋아하는 노래는 ‘나의 살던 고향’과 ‘옛날의 금잔디 동산에 메기~’이고, 뽕짝도 자주 부른다. 뽕짝은 남편이 많이 불렀는데 새로 노래를 배울 때는 가사를 수첩에 적어 뒀다가 보면서 연습을 한다. 조용필의 ‘허공’도 이렇게 연습해서 익혔다.

이미 아는 노래라도 가사가 잘 기억이 안 나면 바로 수첩에 적어 둔다. 그래서 '백마강', '구름도 울고 넘는', '으악새' 등 오래된 노래가 적힌 수첩도 있다.

필요한 것들은 모두 적어 두자. 이렇게 적어 둔 메모가 살아온 역사가 된다. 그리고 이렇게 적어 둔 것들 덕분에 지금도 옛날 기억을 떠올릴 수 있게 된다.

막내 원식의 민주화운동

남편의 경기판지주식회사가 튼튼하게 커 나가면서 경제적으로 여유가 생겼다. 집은 행당동, 평창동, 청운동을 거치면서 큰 2층 양옥집을 마련했고 이제 고생은 끝내고 좀 편안하게 지내지 싶었다.

황해도 부인의 아들 준식은 남편이 운영하던 화신극장을 맡았고, 맏이 영식은 대학을 졸업하고 남편의 경기판지에서 일하고 있었으며, 관혜는 서울음대를 졸업한 후에 (주)대우에 다니는 박영태를 만나 남편과 함께 하와이에 가 있었다. 인식은 외국어대를 졸업하고 회사를 다녔으며, 난혜는 이화여대 영문과를 졸업했다. 천식은 연세대 화학과에 다니고 있었고, 드디어 막내 원식이도 76년에 연세대 토목공학과에 입학했다.

남편의 사업은 번창하고 있었고, 아이들의 학교와 진로 또한 모두 잘 풀려 별 걱정이 없었다. 늘 먹고사는 일이 어려웠는데, 그것이 안정되고 나니 이제 어려운 일이 뭐가 있으랴 싶었다.

이제 모든 게 잘 되어 간다 싶어 마음을 놓고 있던 그때 나를 너무나 힘들게 한 것은 막내 원식이다.

원식이는 고등학교까지만 해도 얌전하게 학교를 잘 다녔다. 그러다 대학에 입학하더니 기독학생회(SCA)에 가입을 했다. 기독학생회는 그 아이 형인 천식이도 나가고 있고 가끔 그의 친구들이 집에 놀러 오기도 해서 어떤 모임인지 잘 알고 있었다. 그때 놀러 왔던 아이들이 구성애, 김철기, 이대수, 이영훈, 이창규 등등이었는데 모두들 똑똑하고 예절도 분명해서 좋아하던 아이들이었다. 그러니 원식이가 형을 따라 기독학생회에 들었다는 건 당연하지 싶었다.

그런데 그게 화근이었다.

원식이가 대학에 입학하기 전 해인 1975년에 박정희 대통령은 이른바 '긴급조치 9호'를 발동했고, 그때 각 대학의 많은 반정부 서클이 해체되었단다. 원식이 들었던 기독학생회는 기독교학교인 연세대학교에서 유일하게 남아 있던 반정부적 서클이었다고 한다. 원식이는 점점 기독학생회 일을 열심히 하는가 싶더니 여름, 겨울이면 농촌봉사활동도 다니면서 학생운동에 몰두하기 시작했다.

그러다가 77년 4월 말경, 2학년 때 경찰에 연행됐다.

지금 생각해 보면 잡혀간 이유가 우습기까지 하다. 원식이는 선배인 김철기, 김성만, 친구 강성구 등과 함께 4월 19일 학교에서 아무것도 적히지 않은 시험지 백지를 학생들에게 나누어 주다 연행되었다. 당시는 유신헌법에 긴급조치 9호까지 발동되어 있는 데다가 민청학련이나

원식이 대학 2년때 경기도 양평군 무촌리로 농촌봉사활동을 갔다. 왼쪽부터 한지영, 구성애, 현지 목사님, 유제운, 원식, 정용인.

인혁당 같은 사건들이 터졌고, 특히 인혁당 관련자들은 사형까지 당하던 무시무시한 시절이었다. 하필 원식이는 이럴 때 연행됐다.

길거리에서 백지를, 그냥 빈 종이를 나누어 주었다고 잡아가다니……. 이들은 "4·19인데 백지밖에 드릴 수 없습니다."라며 나누어 주어서 잡아갔단다. 그게 원식이가 처음 일으킨 시국사건이다.

처음 경찰에서 연락을 받았을 때는 먼저 가슴이 철렁 내려앉는 것만 같았다. 순간 아버지 김한 선생의 모습이 떠오르면서 가슴이 마구 뛰었다. 내 아들이 아버지처럼 쫓겨 다니게 되는 건 아닌지 눈앞이 캄캄했다.

아무 내용도 없는 백지를 나누어 주었다는 이유로도 경찰에 붙들려

갈 정도로 어처구니없는 세상이었다. 그러나 그것만으로 형사처벌까지 할 수는 없었는지 다행히도 원식이는 구속을 면하고 석방되었다. 하지만 학교에서는 정학 처분을 받고 문제학생으로 떠오르게 되었다.

원식이가 학생운동을 한다는 걸 알고 나서는 늘 걱정뿐이었다. 길거리에서 백지를 나눠 줬다고 잡아가는 세상인데, 가만 보니 그 정도가 점점 더해 갈 것 같았다.

아버지는 일제에 저항해서 독립운동을 하셨지만 그 덕에 식구들은 어려운 살림을 해야 했고 아버지 스스로도 평생 고생하시다 이국땅에서 쓸쓸히 돌아가셨다. 일제가 부당하다고 지적하고 그런 생각을 실천하신 것이 아버지 김한 선생의 독립운동이었다. 원식이도 '부당하다'고 지적하는 걸로 끝나지 않고 학생운동에 빠진다면 순탄하지 못한 인생을 살게 될 거라는 생각이 들었다.

위험하다! 어떡하든 원식이를 말리고 싶었다. 아니, 꼭 말려야만 했다. 세상이 어떤 세상인데 그리 위험한 일을 하나 싶어 설득도 하고 혼도 냈지만 원식이는 마음을 바꾸지 않았다.

남편과 상의를 한 끝에 내린 결론은 군대로 보내는 것이었다. 남편은 원식이 모르게 '우선징집원'을 병무청에 제출했다. 아무래도 군대를 다녀오면 자기 앞가림을 먼저 하게 되면서 감정적이고 돌발적인 행동은 자제하게 될 것이고, 그렇게만 된다면 학생운동을 그만두고 평범한 생활인이 될 수 있을 것 같았다. 남들 하는 얘기대로 '군대 다녀오면 사람 된다'고 생각했고, 그래 주길 바랐다.

군대를 보내려고 했던 것은 원식이가 정학을 당한 후에도 선배들과 함께 시위를 준비하다 남편에게 들통이 났기 때문이기도 하다. 남편은 원식이를 학생운동하는 친구들과 떼어 놓기 위해서 아예 지방으로 보내기도 했다.

가을 학기 들어 원식의 친구들인 강성구, 공유상, 김거성, 노영민, 박성훈 등이 학내 시위 사건으로 구속되었다. 경찰은 이들과 친구인 원식이를 찾으려고 우리 집도 들이닥치긴 했으나 원식이는 이미 피신해 잡히지 않았다. 약 한 달간 원식이를 찾던 경찰은 사건을 마무리한 것인지 잠잠해지면서 원식이 다시 활동을 시작했다. 원식이는 그들이 속한 기독학생회 회장을 맡기로 하고 시위에 직접 가담하지는 않아 구속까지 되지는 않았지만, 그 사건 이후 구속되지 않고 학교에 다니는 운동권 학생 중에서는 가장 요시찰 인물이 되었다.

이러니 항시 조마조마할 수밖에 없었다. 어릴 적 골목 모퉁이마다 지켜 서서 행인들을 째려보던 '양복쟁이'들이 떠오르면서 언제 경찰들이 집으로 들이닥칠지 모른다는 조마조마함이 마음을 짓눌렀다. 원식이의 말수가 적어지고 집에 들어오지 않는 날들이 많아지면서 예전에 아버지가 큰일을 벌이시기 전 모습과 비슷하다는 생각을 했다. 원식이가 아무래도 뭔가 큰일을 칠 모양이다.

그러던 중 78년 2월 20일, 반가운 소식이 날아들었다. 남편이 낸 우선 징집원이 주요했던 것인지, 아니면 지난해 가을 원식이 친구들의 시위 사건 때문이었는지 여하튼 원식이 군대 영장이 나온 것이다. 그것도 입영 날짜가 5일 후로 잡혀 있었다.

그러나 원식이는 영장을 보자마자 찢어 버리더니 집을 나가서 며칠

원식이 원주에서 군 복무 시절 동기들과 함께.(가운데가 원
식)

동안 들어오지 않았다. 집에서는 그 며칠 동안 무슨 사고를 내는 것 아
닌지 걱정이 태산이었다. 친구들에게 수소문을 해 봐도 어디 있는지
찾을 수가 없었다. 이 며칠간 원식이는 시위할 기회를 마련하기 위해
동분서주했지만 다행히 방학 중인지라 입영 날까지 시위를 만들지 못
했단다.

　결국 원식이는 입영 전날 밤 군대에 가겠다고 집으로 들어왔다. 그
리고 바로 그다음 날 군대에 들어갔다. 한숨이 절로 나왔다.

　훈련소 운동장에는 머리를 박박 깎고 청년들이 서 있었다.

옆에 서 있는 어머니들은 자기 아들을 보면서 눈물 흘리는 건 보통
이고 엉엉 우는 사람까지 있었지만, 나만은 얼굴에 미소가 번졌다.

잘 갔다 와라. 원식아. 그리고 갔다 오면 정신 차려라.

그날이 1978년 2월 25일이다.

아들이 투옥되다

결국 걱정했던 일이 벌어지고야 말았다.

군 제대 후 복학한 원식이는 1981년 5월 6일, 연세대학교 교정에서 전두환 대통령 반대 시위를 주동한 혐의로 경찰에 연행되었다.

원식이는 앞서 1980년 7월, 원주에서의 군대생활을 모두 무사히 마쳤다. 육군 병장으로 무사히 만기 제대할 때만 해도 이젠 아들이 평범한 학창생활로 복귀할 수 있을 줄 알았다. 3년 가까운 세월이 지났고 원식이도 군대를 통해서 사회생활을 좀 겪어 봤으니 위험한 학생운동은 그만두기를 간절히 바랐다.

그런데 그런 일은 뜻대로 되지 않더라.

세상은 너무나도 혼란스러웠다.

79년 10월 26일 박정희 대통령이 김재규의 총에 맞아 쓰러졌고, 그

혼란한 틈을 타 전두환이 12·12 쿠데타를 일으키고 나라의 실권을 잡았다.

이듬해 봄, 80년 5월을 맞아 서울의 모든 대학생들이 전두환과 군부 세력에 반대하면서 격렬한 시위를 벌였다. '서울의 봄'이라고 불렸던 이때의 시위는 전국으로 퍼져나갔다. 전두환은 계엄령을 내렸고 TV와 신문에서는 '광주에서 간첩과 그들의 사주를 받은 폭도들이 광주사태를 일으켰다'는 보도가 나왔다. 나중에 광주사태가 전두환의 집권에 반대하던 시민들이 저항한 '민주항쟁'이라는 걸 알았지만 그때는 신문과 방송에서 이야기하는 대로 '광주사태'라고 불렀다. 어쨌든 군대가 광주에 들어가고 많은 사람들이 죽었다고 하니 나라가 걱정되었다. 물론 그 사람들은 간첩이나 폭도가 아니라 무고한 시민들이었다는 것도 나중에야 알게 된 일이다.

원식이는 군대에 있으면서도 이런 세상의 형편을 잘 알고 있었나 보다. 내 기대와는 달리 80년 7월에 제대하자마자 바로 학생운동에 가담했고 제대 두 달 만인 9월에 서대문의 합동수사본부로 끌려갔다.

80년 봄에 일어난 큰일은 일단은 쉬쉬하면서 막을 수 있었지만 2학기 개학하면 또다시 시위가 번질 것이라고 경찰들은 생각했을 것이다. 그러니 요주의 학생들을 점찍어 두고 감시하고 있었다. 그런 시기라서 갓 제대하고 복학을 준비하던 원식이도 감시 대상이 된 것이다.

원식이가 잡혀간 이유는 유인물 때문이었다. 연세대학교에 '5월 광주'를 비판하는 유인물이 뿌려졌는데 그 유인물을 만든 장본인으로 원식이가 지목된 것이다.

유인물이 뿌려지자 연세대학교를 담당하고 있던 서대문서와 합동수사본부에서는 난리가 났다. 경찰들은 누가 유인물을 제작했는지 알아내기 위해 학교에 심어 놓은 정보망을 총동원했다. 그 결과 이제 막 제대한 원식이와 함께, 제적됐다 복학한 공유상, 김거성, 노영민 등이 그 전날 학교에 다녀갔다는 사실을 알아냈다. 경찰은 이들이 유인물을 몰래 뿌린 것으로 보고 몽땅 잡아들이기에 이르렀다.

실제로 원식이는 그 유인물 사건과는 관계가 없었다. 다른 일들을 꾸미기는 한 모양인데 최소한 그 유인물과는 관련이 없다고 했다. 당연히 원식이와 그 친구들은 자신들이 한 일이 아니라고 부인했지만 경찰은 거짓말을 하는 것으로 보고 고문을 해댔다. 그때는 잡혀가면 '네 죄를 네가 알렷다!' 하면서 무조건 자백하라고 고문하던 시절이었으니 일제 때와 다른 게 무언지 모르겠다.

나중에 원식이한테서 들은 고문방식은 잔인하기 이를 데 없었다. 물고문과 잠 안 재우기는 기본이었고, 팔을 뒤로 묶고 위로 밀어 올리는 '비행기', 손과 발을 묶고 그 사이에 봉을 넣어 책상 사이에 끼워 놓는 '통닭' 등 여러 가지 수법으로 원식과 그 친구들을 고문했다. 이런 고문을 받았으니 몸이 어떻게 버틸 수 있었을까.

다행히 유인물 사건과 관계가 없다는 게 밝혀져서 석방되기는 했지만 이때의 고문으로 원식이는 몸이 많이 상했다.

이게 무슨 팔자인지, 아버지는 일제에 끌려가 감옥생활을 한 후에 몇 년간 병치레를 하셔야 했고 남편도 6·25전쟁 때 고생하면서 얻은 병으로 평생 고생을 했는데, 이제는 아들까지 고문으로 몸이 상하다니……. 그나마 이번에야 옥살이를 하지 않은 것만으로도 다행이지만 아무래도 이번 한 번으로 끝날 일은 아닌 것 같았다. 어미로서 그 고단한 앞길을 막아 주고 싶은데 그럴 수가 없으니 마음이 아팠다.

우선은 상한 몸을 수습해야 했다.

원식이는 오른쪽 어깨를 크게 다쳐서 잘 쓰지 못했고 헛구역질을 자주 했다. 손목과 발목의 인대도 상했는지 움직이는 걸 힘들어 했다. 수년간 남편의 병구완을 했던 이력이 있으니 이때도 몸에 좋다는 치료는 다 해보았다.

일단 용하다는 침집을 찾아 못쓰게 된 어깨와 팔다리를 고쳐야 했다. 한약도 지어다 달여 먹였다. 고문 때 몸에 생긴 어혈을 푸는 데는 뱀이 좋다는 소리에 움직이기 힘겨워 하던 원식을 용문산으로 데려가 한 달 동안 뱀탕을 먹이기도 했다. 그렇게 80년은 원식이의 몸을 회복시키는 데 쏟았다.

겨우 몸을 움직일 정도로 고쳐 놓았더니 다음 해 새 학기가 시작될 때 원식은 다시 잡혀갔다. 이번에는 경찰의 오해가 아니라 진짜로 시위를 주동한 것이다.

81년 2월 전두환이 새로운 대통령이 되었다. 대학교에서는 광주민주항쟁 1주년이 되는 5월이 가까워 올수록 언제 또 격렬한 시위가 일어날지 바짝 긴장하고 있었다.

전국의 대학 중에서 광주민주항쟁 1주년을 기념하는 시위는 연세대학교에서 제일 먼저 일어났다고 한다. 그 시위의 주동자가 원식이였다. 원식이는 후배인 배정환, 김상규와 같이 경찰들이 숱하게 깔려 있는 연세대학교 교정에서 시위를 주동했다. 그리고 그 셋은 시위를 시작한 지 불과 5분 만에 들이닥친 경찰에 연행되었다.

원식의 연행 소식을 처음 알려 온 것은 원식의 선배 이영훈이었다.

'드디어 올 것이 왔구나!'

다 큰 자식, 어미가 아무리 하지 말라고 해도 말을 듣지 않으니 그때 이미 마음을 단단히 먹고 있었다. 항시 걱정하던 일이 막상 현실로 닥치고 나니 가장 먼저 떠오른 것은 어릴 때 아버지의 모습이었다. '이게 다 내 운명이지' 하는 생각에 어이없게도 피식 웃음이 나왔다.

양복쟁이들이 집으로 들이닥쳤다.

형사들은 집안을 뒤지기 시작했다. 그 차림새나 불법 무도한 것이나 구둣발로 방안까지 들어온 것이나 일제의 경찰과 전혀 다를 바 없었다. 이런 일의 사정은 수십 년이 지나도 달라지는 게 없는 모양이다. 다른 게 있다면 사람이야 이미 가두어 놓았으니 사람을 내놓으라는 닦달이 없이 집뒤짐만을 했다는 정도였다.

책이며 가재도구들이며 그들의 손이 닿으면 제자리에 놓이는 법이 없었다. 마구잡이로 헤쳐 놓았다. 금세 집안은 아수라장이 되었다. 안방, 건넌방, 2층의 아이들 방, 지하실까지 샅샅이 뒤지더니 원식의 책장에 있던 책을 몽땅 쓸어 가지고 갔다.

나는 혼이 다 빠질 지경이었다. 거의 60년 만에 당한 집뒤짐이었다. 일제 때 아버지를 찾아내겠다고 양복쟁이들이 밀려들어와 마구 집안을 헤집어 놓은 일이 평생 잊혀지지 않는데, 오랜 세월이 지난 지금 또다시 양복쟁이들의 집뒤짐을 당하다니……. 어릴 때나 이때나 혼비백산해서 정신을 차릴 수가 없었다.

그렇게 소동을 부리고 간 경찰은 그다음 날 또 찾아왔다. 그들은 난데없이 신림동에 있는 난혜의 집으로 가자고 했다.

경찰들이 찾고 있던 것은 원식이의 '불온서적'이었다. 시위 사건이 나면 경찰은 으레 주동자에게 더 큰 죄를 씌우기 위해 집 수색을 해서 이런 책들을 찾아냈다. 불온서적이 필요한 이유는 '이런 책들로 학습한 놈은 사상에 문제가 있는 주동자'라는 다른 죄명을 더 붙일 수 있기 때문이었다. 경찰이 집을 뒤지면서 원식이 책장에 있던 책을 모조리 쓸어 간 것도 같은 이유였다.

하지만 원식이는 시위를 하기 전에 혹시 문제가 될지도 모르는 책들을 모두 신림동 난혜의 집으로 옮겨 두었다. 그러니 경찰은 집을 뒤지고 거의 이사를 하듯이 책들을 쓸어 담았는데도 별로 실적이 될 만한 것들을 찾을 수 없었다. 그래서 다시 돌아간 이들은 원식이를 치도곤 하여 책을 옮겨 놓은 곳이 난혜의 집이라는 것을 알아냈다.

다시 집으로 쳐들어온 이들은 우선 70이 넘은 남편을 위협했다. 당시 쇠약한 남편이 몹시 힘들어 할 때 미국 하와이에서 가정을 꾸리며 살다가 잠시 들어온 큰딸 관혜가 '나이 든 어른에게 뭐하는 거예요!' 하며 나섰다. 관혜는 연로한 남편을 안방으로 들어가게 하고 경찰들의 무도한 행위에 항의했다.

경찰들은 관혜와 나를 경찰 지프차에 쓸어 담듯이 태워 난혜의 집으로 향했다. 그들은 가는 길에도 나와 관혜에게 계속 협박하였다. '협조하지 않으면 출국을 못하게 할 것'이라며……

아들이 잡혀간 일이야 힘들고 당황스럽지만 이제 내가 할 수 있는 일이 뭔지 생각해야 했다. 잡혀간 원식이를 잘 보호해야겠다는 생각으로 차분하게 상황을 대처해 나갔다. 양복쟁이들이 찾는 건 책이다. 책을 찾으러 난혜네 집으로 가자는 거다. 책이 발견되면 원식이의 죄는 무거워진다. 그러니 책이 경찰 손에 넘어가면 안 된다. 나는 출발하기 전 잠깐 감시가 소홀한 틈을 타서 얼른 난혜에게 전화를 걸었다. 길게는 얘기하지 못하고 소곤소곤 짧게 말할 수밖에 없었다. 원식이 책 잘 치우라고⋯⋯. 난혜는 알아들었을까?

난혜는 눈치가 빨랐다. 이대 영문과를 졸업한 난혜도 학생운동과 관련된 책들을 익숙하게 접했던지라 눈치 빠르게 이 상황을 잘 대처했다. 난혜는 원식이 가져다 놓은 책들 중에서 문제가 없어 보이는 책만 남기고 나머지는 옆집으로 옮겼다. 경찰은 허탕을 쳤고 원식이는 위기를 넘길 수 있었다.

그때 난혜의 신림동 집은 삼성그룹의 사우촌(社友村)이었다. 마침 그 옆집은 이해찬 전 총리의 형님 이해진 씨의 집이어서 원식이 책을 숨기는 데 도움을 받을 수 있었다. 난혜의 남편과 이해진 씨는 모두 삼성그룹에 다니고 있을 때였는데, 다행히 이해진 씨도 이런 경험이 여러 번 있었던 분이어서 손발이 척척 맞았던 모양이다.

또 하나 다행인 것은 연세대 기독학생회 선배였던 천식이는 미국 유학 중이어서 원식이 사건으로 이 모진 시련을 겪지 않았다는 것이다.

원식이는 시위 주동자로 구속되었다. 하지만 경찰은 그 외에는 별다른 혐의를 찾지 못했다. 그때가 1981년 5월이었다.

구속자 가족 모임

원식이가 구속되고 며칠간은 면회조차 시켜 주지 않았다. 그러다 서대문경찰서의 조사가 끝나고 유치장으로 옮기면서 그때부터 면회가 허용되었다.

남편, 인식, 관혜와 함께 좁은 유치장 면회실 철창 너머에 있는 원식이를 만났다. 고문을 많이 받아 또 몸이 상했으면 어쩌나 걱정이 이만저만 아니었는데 다행히 몸이 많이 상한 것 같아 보이지는 않았다. 원식이는 걱정 말라고만 한다. 자신이 선택하고 온 길이니 걱정 말라고만 한다. 그 말이 더 얄밉다.

걱정하지 말란다고 걱정이 안 되나. 공부 잘하고 좋은 대학 갔으니 가만히만 있으면 졸업해서 잘살 텐데 왜 저런 고생길을 택했을까. 어제는 학교에서 제적 통지서까지 날아왔는데 참 이를 어찌 해야 할지 도무지 알 수 없었다. 그저 탈 없이 건강하게 살아 주었으면 했지만 그러지 못하는 아들을 보니 눈물과 한숨이 섞여 나온다. 가슴이 미어진다.

철창 너머로 억지웃음을 지으며 도리어 자기는 괜찮다고 하는데 어디 감옥이란 곳이 괜찮을 리가 있을까. 아버지도 저런 철창 너머에서 병을 얻었는데……. 면회 내내 아들이 걱정되어 펑펑 울었다. 내 팔자가 사나워서 더 울었다. 아버지와 아들이 모두 철창 신세를 지다니……. 세월이, 세상이 그리 만든 탓도 있지만 아들 원식이와 아버지 김한 선생의 모습이 자꾸만 겹쳐져, 터지는 눈물을 참을 수가 없었다.

그렇게 아들의 감옥 생활이 시작되었다.

처음 한 달간은 매일, 그 후에는 일주일에 한 번씩 원식의 면회를 다녔다. 면회를 갈 때 가장 무거운 짐은 원식이가 읽을 책이었다. 감옥 안에서의 원식이는 책을 엄청나게 많이 읽었다. 원식이가 편지에 읽고 싶은 책을 적어 보내면 남편과 원식의 친구 한지영, 최유정이 책을 구입했고 내가 면회를 통해 원식이에게 전해 주었다.

원식이는 8월경에 열린 1심 재판에서 1년을 선고 받았다. 그전에도 여러 번 잡혀가기는 했지만 대부분 무혐의거나 구속 없이 풀려났기에 이번에도 어느 정도 희망은 가지고 있었는데, 5분 시위에 1년이라니, 이건 말도 안 되게 억울한 일이었다.

그러나 달리 손쓸 방도도 없었다. 그나마 다행인 것은 보통 2심 재판에서는 형량이 줄어든다고 하니 일단 2심을 기다려 보는 수밖에 없었다.

그런데 2심에서는 더욱 어처구니없는 선고가 내려졌다. 1심보다 형량이 확 늘어서 3년을 선고 받은 것이다. 1심에서 받은 1년의 형량에 '괘씸죄' 2년이 추가된, 정말 말도 안 되는 판결이라니, 이건 있을 수 없는 일이었다.

원식이의 괘씸죄는 지난 재판 때의 최후 진술 때문이었다. "광주에서 무고한 국민을 살상한 전두환 정권과 끝까지 싸우겠다."는 원식이의 진술을 문제 삼은 것이다. 자신의 혐의를 부인하는 것도 아니고 모두 인정하는 확신범들은 보통 재판에서 이런 식의 이야기를 하는 일이 비일비재하다고 들었다. 그런데 그 한마디 때문에 감옥에서 2년을 더 있어야 한다니, 이게 도대체 말이 되는 일인가?

너무 억울했다. 어떻게 이런 일이 있을까. 재판을 지켜보던 나는 자리에서 벌떡 일어나 재판장을 향해 소리쳤다.

"야! 이 나쁜 놈들아! 도둑놈들아! 이런 재판이 어디 있나!"

2심 재판이 11월이었으니 이미 감옥에서 6개월을 보낸 원식이는 1심 판결대로만 됐더라도 6개월만 더 있으면 석방될 수 있었다. 그런데 갑자기 2년 6개월로 늘어나다니⋯⋯. 원래 형량보다 괘씸죄가 더 큰 이런 어처구니없는 재판에 분노가 일었다.

괘씸죄의 형량은 일제 때나 전두환 때나 똑같이 '2년'으로 정해져 있었던 걸까? 아버지 김한 선생이 김상옥 사건으로 투옥됐을 때도 1심 재판에서는 검사 구형이 5년이었는데 일본 총독정치를 비판한 최후 진술 때문에 '괘씸죄' 2년이 추가되어 7년을 선고 받았다. 그런 어린 시절의 기억이 되살아났다.

어쩌면 이렇게도 내 아버지와 내 아들의 길이 60년을 사이에 두고

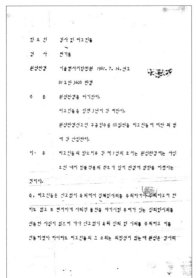
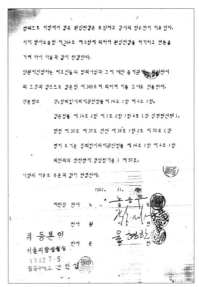

원식의 2심 판결문 일부. 1심보다 형량이 2년이나 많은 징역 3년을 선고했다.

똑같은 것일까! 내 아들 원식이가 불의의 세상을 참지 못하고 평생 독립운동에 매달린 아버지와 같은 길을 걷게 된다면, 어쩌면 평생 고초를 겪으시다 어느 낯선 땅에서 최후를 맞으신 아버지처럼 되는 건 아닐까? 자기 외할아버지를 빼어 닮은 막내 원식이가 어쩌면 똑같이 어렵고 힘든 일생을 살게 될지도 모른다는 생각이 들자 불길한 예감에 휩싸여 갔다. 그것만은 절대로 안 되는 일이었다.

아버지가 가족과 떨어져서 혼자 고군분투하실 때는 내가 어려서 도움을 드릴 수가 없었고, 겨우 할 수 있었던 일이란 게 '집안 걱정 없이 독립운동 하시도록' 돈을 벌고 살림하는 일이었지만 지금은 그렇지 않다. 저 어두운 철창 속에서 원식이를 구해 내는 일에 최선을 다해야겠다고 마음을 단단히 먹었다.

이렇게까지 생각하니 그저 울고만 있을 수는 없었다. 그 길로 원식이 다니던 수도교회의 김상근 목사와 신촌교회의 박광재 목사를 찾았다. NCC 인권위원회의 윤수경 선생도 만나 원식의 구명을 요청했다. 물론 이분들이 당장 원식이를 감옥에서 꺼내 줄 수 있는 것은 아니었지만 이분들을 통해서 많은 사람들의 힘을 모을 수 있었다.

먼저 신촌교회, 수도교회 등에서 '우원식 집사 석방을 위한 기도회'가 열렸다. 나는 그때마다 교회를 찾아가 함께 기도회에 참여했다. 한편 그때쯤부터 정기적으로 '구속자 석방을 위한 기도회'가 매주 화요일이면 종로 5가 기독교회관에서 열리기 시작했다. 김상근 목사가 소개해 참여하게 된 후로 거의 한 번도 빠지지 않고 매번 이 기도회에 참석했다.

이 기도회를 통해서 다른 구속자 가족들을 만날 수 있었다. 이들과는 어려움을 함께하고 있어서인지 금방 마음이 통했다. 특히 원식이 친구 장신환의 어머니, 원식과 함께 춘천에서 감옥을 살고 있던 전태삼(전태일의 동생)의 어머니 이소선 여사, 원식과 함께 구속된 김상규의 어머니 등과 가까이 지내는 사이가 되었다.

이렇게 기도회를 통해 모인 구속자 가족들은 여러 가지 일을 같이 했다. 어느 교도소에서 아이들이 단식이나 감옥 내 투쟁을 한다는 소식이 들려오면 너나 할 것 없이 함께 그 교도소로 찾아가 항의를 하곤 했다.

82년에 대전교도소에서 단식 중이던 구속자 박관현이 사망하는 사건이 있었다. 박관현은 전남대 총학생회장으로 80년 광주민주항쟁을 이끌었던 사람이었다.

박관현의 사망 소식이 전해지면서 전국 교도소에 수감 중이던 양심수들은 일제히 감옥 내 투쟁을 벌였다. 원식이도 춘천교도소에서 열흘이 넘도록 단식을 했다.

구속자 가족들도 가만있지 않았다. 20~30명씩 모여 매일같이 전국의 교도소를 찾아가 항의를 하고 집회를 했다. 감옥 안에서도 싸우고 있는 아들들을 생각해서 감옥 밖에서도 가족들이 함께 싸우는 모습을 보여 줘야 했다. 그렇게 하는 게 아이들을 빨리 구해 내는 길이라고 생각했다.

원식이는 2년 8개월 동안 옥살이 끝에 1983년 12월에 성탄절 특사로 석방되었다. 아들은 감옥에서, 나는 밖에서 함께 싸우던 힘든 시간들이었다.

원식이 석방되면서 구속자 모임에는 자연스레 뜸해지게 되었다. 그때의 구속자 가족 모임은 '구속자 가족 협의회'로 정식 모임이 되었고, 나중에 '민주화 가족 운동협의회(민가협)'로 발전하였다.

남편을 잃다

남편이 '남산 반쪽'을 얻은 후에는 원식의 일을 빼면 평안한 나날들이었다. 청운동 땅과 경기판지의 성공으로 우리 가족의 생활은 안정되었다.

1968년에는 평창동에 2층집을 지어 편안하고 안락한 생활을 할 수 있었다. 그 후 청운동을 개발하고 남은 땅에 다시 2층집을 짓고 83년경 이사를 했다. 봄이 되면 앞마당에는 잔디가 파릇파릇 올라왔고 이내 영산홍으로 붉게 물들었다. 가을에는 뒷마당에 심은 배추 돌보는 것이 우리 부부의 일과였다.

남편은 나이가 들면서 내게 미안함과 고마움을 자주 표현했다. 당신이 몸이 아파 누워 있는 동안이나 사업에 실패해 일에서 손을 놓고 있는 동안 내가 대신 가정의 경제를 꾸렸던 일 때문이었다. 그러나 나 또한 평생을 서로 믿고 의지하면서 살 수 있었으니 그에게 고맙고 미안했다. 아이들도 제각기 훌륭하게 성장해 주었다. 이제 고민은 없는 셈이다.

나이가 들어 여유가 생기니 서로에게 챙겨 주는 일들이 더 많아졌다. 1986년 5월 24일 청운동 집 마당에서 아들딸과 손자들의 축복 속에 금혼식을 가졌다.

원식이 학생운동을 시작하던 77년 나의 회갑 잔치 때는 원식이를 잡겠다고 들이닥친 불청객 경찰 때문에 가슴이 떨렸지만 이날은 아무 일도 없었다. 말썽꾼 원식이도 감옥에서 풀려난 후 며느리 신경혜를 만나 결혼을 하고 딸아이까지 낳았으니 아직 운동권으로 노동운동을 하고는 있다고는 해도 이전에 비해 훨씬 안정적인 생활을 해 나가고

청운동 집에서 열린 금혼식

있었다.

남편은 이날을 위해 특별히 준비한 사모관대를 쓰고 영산홍이 활짝 핀 청운동 집 마당에서 온가족이 모여 웃고 떠들었다. 그날 따라 유난히 맑은 하늘이 더욱 밝고 아름답게 느껴졌다.

그해에는 두 번의 잔치가 있었다. 5월의 금혼식에 이어 10월 19일은 내가 고희를 맞이하게 되었다.

자식들이 준비하겠다고 나섰지만 남편은 굳이 자신이 하겠다면서 아내의 고희연을 정성스럽게 준비해 주었다.

이날 남편의 친구들, 나의 서울여상 동창들, 그리고 여기저기 흩어져 살던 친척들과 아이들의 친구들 등등 모두 100여 명이 초대되었다.

남편이 정성스레 준비해 준 고희연

둘째 아들 인식이는 몇 해 전 암으로 부모보다 먼저 세상을 떠났지만, 인식이가 다니던 삼성교회의 권혁구 목사님이 집례를 하고 원식의 친구인 장신환이 사회를 봤다. 이처럼 성대한 잔치를 열어 준 남편에게 참으로 고마움을 느꼈다. 젊은 시절의 고생이 어느덧 높은 언덕을 만들었으니, 늙어서는 그 언덕 위에서 잔잔히 내려다보며 평안할 수 있었다.

황해도 부인의 둘째 아들 준식 역시 몇 해 전 암으로 떠났지만 준식의 처와 그 아이들도 그 축하의 자리 맨 앞에 앉아 있었다.

그러나 노년에 찾아온 평안과 행복은 오래가지 못했다. 그날의 고희연은 남편과의 마지막 행사가 되었다.

남편이 젊은 시절 전쟁 때 고생하면서 얻은 폐병은 평생 남편을 괴롭혔다. 그 폐병은 고질병이 되어 70년대부터는 폐에 물이 차 몇 년에 한 번씩 병원에 입원해서 폐에 호스를 꽂아 물을 빼곤 했다.

담배라도 끊었으면 좋으련만…… 병원에서도 담배 끊기를 강권했으나 남편은 도무지 담배를 끊지 못했다. 그러다 나이 70을 넘기면서 폐 때문에 병원에 입원하는 날이 많아졌다.

담배뿐인가. 술과 친구를 특별히 좋아하던 사람이었다.

동네 어귀에서부터 '백마강 달밤에……' 노래가 들리면 '아, 오늘도 이 양반이 기분 좋게 한잔 하셨구나' 하고 알 수 있었다. 집에 들어오면 아이들을 주르르 세워 놓고 노래를 부르게 했던 사람. 아이들의 노래에 잘한다 박수를 치며 좋아하면서 용돈을 나누어 주던 즐거운 사람. 남편은 그런 사람이었다.

51년을 믿고 의지하며 살던 남편이 떠난 날 하늘 반쪽을 잃은 슬픔이 끝없이 밀려왔다.

　잦은 사업 실패와 병치레로 고생을 시키긴 했지만 그래도 젊을 때의 약속처럼 평생 내 곁을 지켜 준 그 남편은, 1987년 1월 2일 더 이상 가망이 없다는 선고를 받고 병원을 떠나 집으로 돌아왔다.

　북에 남아 있는 정혜와 덕혜를 너무도 그리워해서 명절 때마다 함께 임진각으로 찾아가 멀리 북쪽 땅을 하염없이 바라보던 내 남편 우제화는 그렇게 정혜와 덕혜의 소식도 모른 채 세상을 떠났다.

비운의 원정 언니

아버지 김한 선생과 어머니 배명원 여사 사이에는 4명의 자식이 있었다. 첫째가 원정 언니이고 둘째가 인정, 셋째가 나 례정, 그리고 마지막이 외아들 담(淡)이었다. 둘째와 넷째는 세상에 태어나 얼마 살지 못했으니 기억에 남아 있지 않다. 그러니 내게는 원정 언니가 유일한 친형제인 셈이다.

물론 친형제와 같은 사촌 동생이 있었다. 아버지 김한 선생의 여동생인 나의 고모 김명희의 딸인 김옥순이 있는데 옥순은 집안이 어려워 우리 집에서 함께 살았기 때문에 친 혈육 이상으로 가까운 동생이다. 지금은 나보다 먼저 세상을 떠났지만 참 참하고 예쁜 동생이었다.

여섯 살 위의 원정 언니는 어려서부터 공부를 잘했고 똑똑했다. 언니는 아버지 김한 선생의 동지인 이화학교 한문 담당 김 선생님의 도

왼쪽부터 어머니, 원정 언니, 할머니, 례정. 1925년에 동아일보에 실린 사진이다.

움을 받아 남들이 모두 부러워하는 이화중·고등학교 5년을 마치고 이화보육전문학교를 졸업했다. 이화보육학교를 마치고 난 후에는 수원에 있는 유치원에서 선생님으로 근무했다. 언니는 예쁘기도 했지만 너무도 착하고 얌전하고 순한 여자였다.

일제 강점기였던 1930년대, 천연동 살 때의 일이다. 언니는 아버지 김한 선생의 심부름을 하면서 독립운동을 도왔다. 아버지는 집에 잘 계시지 않았는데 어느 날 집으로 아버지의 동지 양재식 선생이 젊은 청년 한 사람을 데리고 찾아왔다. 그 사람이 나중에 원정 언니와 결혼한, 나에게는 형부가 된 김삼만이라는 청년이다.

청년 김삼만도 독립운동을 하던 사람이었는데, 1929년에 벌어진 만세운동 사건인 광주학생사건의 주동자 중 한 사람이었다. 김삼만 학생은 그 일로 투옥되었다가 1년 만에 석방되었으나 학교는 제적된 상태였다.

원정 언니를 좋아하게 된 청년 김삼만은 아버지 김한 선생이 신간회 사건 때 일제의 검거를 피해 국외로 떠난 1931년 이후에도 우리 집에 자주 들렀고 어머니에게도 잘했다. 어머니도 청년 김삼만을 마음에 들어 하셔서 마침내 둘은 광주에서 결혼을 했다.

형부 김삼만은 광주에 내려가서도 독립운동을 계속했는데, 어떤 사건이었는지는 정확히 기억나지 않지만 두 차례 더 옥살이를 했다고 한다. 자녀는 큰딸 진건, 영란이를 비롯해서 넷을 두었다.

독립운동에 전념한 집안 치고 살림이 넉넉한 경우는 없었다. 해방이 되었어도 남들과 달리 경제활동에 몰두하지 못했던 독립운동가들은 아무것도 가진 것 없이 힘들게 살아야 했다. 하지만 언니는 가난하게는 살지언정 남의 신세를 지는 것을 싫어했다. 당시는 나 역시 넉넉지 못했지만 언니네 사정은 더욱 딱했기에 어쩌다 약간의 돈을 들고 찾아가면 손사래를 치면서 거절하곤 했다.

해방 후, 더욱 생활이 어려워지자 언니는 직접 청량리 시장에 좌판을 깔고 생선 장사를 했다. 그 후 언니 부부는 청량리 근처에서 양계장을 시작했는데 경기도 광탄으로 옮겨 양계장을 꽤 크게 벌렸다. 그게 75년경이었는데, 젊어서부터 고생만 하다 겨우 살 만해진 그 무렵에 형부 김삼만 씨가 돌아가셨다.

혼자가 된 원정 언니는 작은 땅을 포함해서 전 재산을 교회에 희사하고 당신이 기부한 땅 위에 지어진 교회에서 일하며 살다 95년경 교통사고로 세상을 떠났다.

언니 김원정

공부도 많이 했고, 똑똑하고 착하고 얌전한 언니였지만, 언니 부부는 마구 요동치던 우리 시대를 잘 견뎌 내지 못했다. 일제에 저항하며 산 두 부부는 해방 이후에도 넉넉하게 살아 보지도 못한 채 가고야 말았다. 참 불쌍한 원정 언니…….

1981년 5월, 원정 언니는 감옥에 있는 원식을 찾았다. 광주민주항쟁 1주년 시위를 주동하다 구속된 조카 원식에게, 언니는 큰 힘이 되는 말을 해 주었단다.

"원식아, 잘했다! 네가 자랑스럽다. 내 아버지가 독립운동가셨는데 네가 그 피를 이어 받았는가 보다. 건강 잃지 말고 열심히 살아라."

언니의 '자랑스럽다'는 한마디가 원식에게는 큰 응원이 되었다. 그
때부터 원식이는 자신의 외할아버지 김한 선생을 자랑스럽게 여기면
서, 기록이 거의 남아 있지 않은 그분의 독립운동사를 되살려 보겠다
는 마음을 먹게 되었다고 한다.

원식이 국회의원이 되다

감옥에서 출소한 원식이는 제 할 일을 계속했다.

원식이는 1983년 말 전두환 정권이 학원 자율화 조치를 발표하면서 크리스마스 특사를 단행할 때 만기 7개월을 남기고 2년 8개월 만에 석방됐다. 원식이는 석방되자마자 바로 연세대학교 복학대책위원회 부위원장을 맡아 활동하다가 또 한 번 경찰에 연행되었다.

그러면서도 원식은 기독학생회 친구였던 신경혜라는 예쁘장한 아이와 결혼을 했다. 그 험한 생활 속에서도 연애도 하고 결혼까지 하니 한결 마음이 놓였다.

원식이는 결혼 후에도 집에 있지 않고 구로동, 부평 등지에서 하숙을 하며 노동운동에 몰두했다. 그러기를 몇 년 하더니 노동운동을 접고 연세대학교 앞에서 '올서림'이라는 운동권 서점을 했다.

하지만 경찰은 원식이를 가만 놔두지 않았다. 원식이는 물론이고 서

평민연 동지들과 함께(뒷줄 왼쪽부터 시계 방향으로 김용석, 우원식, 정상용, 장영달, 남근우, 박석무, 이해찬, 임채정, 박우섭, 권운상, 정기영)

점에 오는 손님들까지 감시를 해대니 서점이 제대로 운영될 리가 없었다. 그렇게 서점을 그만두고 나서는 남편의 도움으로 노원구 공릉동에서 카센터를 운영하게 되었다. 원식이가 국회의원도 하며 정치 활동을 하는 노원구와 인연을 맺게 된 사유다.

그러던 와중에 87년 6월 항쟁이 일어났다. 그 결과로 체육관에서 대통령을 뽑는 간접선거 방식에서 국민들이 직접 뽑는 직선제로 바뀌게 되었다.

6월 항쟁의 소용돌이와 그해 12월에 치른 대통령 선거 와중에 원식이는 카센터를 팽개치고 다시 운동에 뛰어들었다. 그때 원식은 민주쟁취 국민운동본부와 김추(김대중 선생 대통령후보 추대위원회) 활동을 했으나 원식이 밀던 김대중 후보는 낙선하고 말았다. 선거 결과에 낙담한 원식이는 여러 날을 고민하다가 김대중 선생을 다시 살려야 한다며, 함께 활동하던 98명의 재야인사들과 함께 평민당에 입당했다. 그때 함께 평민당에 입당한 이들은 문동환 목사, 박영숙, 임채정, 이해찬 등이었다.

원식이는 평민당에 입당하면서부터 정당 활동을 하게 됐는데, 여전히 먹고살 일은 걱정되지만 그래도 그전의 학생운동이나 노동운동보다는 위험하지 않은 것 같아서 그나마 좀 안심이 되었다.

원식은 선거에도 출마했다.

그때까지만 해도 원식이 정치를 할 것이라고는 생각하지 못했다. 아버지도 독립운동은 하셨지만 정치에 나선 것은 아니었기에, 원식이가 선거라는 것을 치르게 되리라는 것은 생각해 본 적도 없었다. 겪어 보지 못한 생소한 일이었지만 선거 때마다 원식이 잘되기를 기도했다.

원식은 처음 출마한 91년 서울시의원 선거에서는 낙선했다. 그리고 다음 '95년에 다시 시의원 선거에 출마해서 당선되었다. 늦둥이 막내로서 마냥 어리게만 보아온 원식이를 수만 명의 사람들이 믿고 찍어준 결과로 서울시의원에 당선된 것이니 기쁘기 그지없었다.

그렇게 원식은 한 사람의 정치인으로 성장해 가고 있었지만 아직 확고하게 자리를 잡지는 못했다. 그때 이미 나는 80을 넘기고 있었는데, 아직까지도 제 앞가림을 못하는가 싶어 마음이 답답했다. 물론 심성이 착하고 뜻이 바른 아이라는 믿음이 있었지만, 정치를 하려면 돈이 많이 든다는데 그것이 특히 걱정되었다. 남편은 이미 이 세상 사람이 아닌 데다 나 역시 기력이 다해 어떻게 도와줄 방법이 없었다. 게다가 형제 중에 누가 특별한 재산을 모아 둔 것도 아니었다.

그렇지만 원식이 대학 때 기독학생회에서 만나 결혼에 이르게 된 며느리 신경혜가 있어 원식에게 큰 힘이 될 것이라 여겼다. 경혜는 대학 시절 학생운동을 할 때부터 원식이를 동지로서 굳게 신뢰할 뿐 아니라 정치에 몰두해 있는 원식을 대신해 살림까지 잘 맡아 주고 있어 여간 대견한 게 아니었다. 그래서 둘이 한마음이 되어 자신들의 문제를 잘 해결해 나갈 것이라는 믿음이 있었다.

2004년, 원식이는 자신의 선거구인 노원구에서 다른 예비후보들을 제치고 공천을 따냈다. 경선을 통과하여 국회의원 후보가 된 것이다.

공천이라는 어려운 관문을 통과하긴 했지만 국회의원이 되기란 쉬운 일이 아니었다. 그 전에 첫 시의원 선거에서 낙선한 일도 있었듯이 참으로 가슴 졸이는 일이었다. 물론 지난 10여 년 동안 자기 동네에서 여러 단체도 만들면서 활발하게 활동을 한 원식이가 지역 사람들로부터 칭찬을 많이 받아 왔기 때문에 내심 잘될 수 있으리라 기대는 하고 있었다.

마침내 원식이가 국회의원에 당선되었다.

수많은 어려움을 겪더니 결국은 해냈구나 싶어 막내가 대견했다. 거의 30년간 학생운동, 제적, 수배, 투옥, 노동운동, 재야운동, 정당운동을 거치면서 고생고생하던 원식이가 한 나라의 국회의원으로 당당히 서게 되었으니 부모로서 어찌 자랑스럽고 기쁘지 않으랴. 고생하며 키운 아들이 훌륭하게 성장해서 남들에게 인정받는 국회의원이 된 것이

원식이 국회의원에 당선되다.

다. 30여 년 동안 모진 고초를 겪어 온 아들을 지켜보면서 남몰래 타들어 갔던 어미의 마음이 한순간에 탁 트이는 순간이었다. 그동안의 안타까움, 억울함, 아쉬움, 답답함이 모두 쓸려나가는……

국회의원 한 번으로 모든 게 끝나는 건 아닐 테니 앞으로도 원식에게는 많은 어려움이 있을 것이다. 그래도 이만큼 이루어 놓았으니 전보다는 훨씬 수월하게 나아갈 수 있지 않을까? 그동안 고생한 막내가 앞으로 더욱 잘해 나갈 것을 확신할 수 있었다.

원식이 가슴에 국회의원 배지를 달고 온 날, 꼭 끌어안아 주었다.
"원식아! 고맙다. 수고했다!"

독립유공자의 딸이 되다

　복은 연달아 온다던가. 원식이 국회의원에 당선된 경사 뒤에 또다시 뜻밖의 기쁜 소식이 전해졌다.

　2005년 광복절을 맞아 독립유공자를 선정해 포상하는데, 아버지 김한 선생이 포함되어 건국훈장 독립장을 받게 되었다는 소식이었다. 그 며칠 후에는 다시, 8월 15일 광화문에서 열리는 광복절 행사장에서 김한 선생의 딸인 나에게 대통령이 직접 훈장을 주기로 했다는 연락이 왔다.

　세상에 이렇게 기쁜 일이 또 있을까. 아버지 김한 선생 생각만 하면 아직도 눈물이 난다. 감옥에서 고생하시다 나오신 날, 어렵게만 느껴지던 아버지께 잘해 드리고 싶어 따뜻한 물로 발을 닦아 드렸던 일, 그때 꼭 안아 주시며 "다 큰 처녀가 아버지 발을 이렇게 닦아 주어도 되나?" 하고 껄껄 웃던 아버지의 모습이 아직도 또렷하게 가슴속에 남아 있다.

신간회 사건 이후 어느 날 홀연히 사라지셨고 결국 살아서도 돌아가셔서도 만날 수 없었던 아버지, 가슴속에만 묻어 두었던 아버지가 이제 광복절 행사장에서 세상에 다시 나오시게 되었다니……

사실 90년대 초반부터 아들 천식과 원식이 외할아버지의 기록을 찾겠다는 노력을 시작할 때 나는 부질없는 일이라고 생각했다.

너무나 오래된 이야기였고 일제 강점기와 6·25전쟁을 거치면서 고생에 고생을 거듭하는 사이에 이미 집안에는 아버지의 기록이 남아 있지 않았을 뿐더러 신간회 사건 이후에는 김한 선생의 흔적을 어디에서

건국훈장 받기 전날 천식·원식이 함께 조사 발굴해서 만든 아버지 관련 책자와 사진을 꺼내 보며 감회에 젖었다.

도 찾을 수 없었기 때문에 아들들의 노력이 결실을 보기가 어려울 것이라는 생각이었다.

그러던 천식이가 동아일보, 조선일보, 국립도서관을 뒤져 아버지 김한 선생과 관련한 당시 신문 기사들을 한 뭉치 찾아왔다. 그중에는 아버지가 투옥되었다는 보도를 비롯하여 1심의 최후진술문이 있었고, 특히 아버지가 투옥된 이후 우리 집안의 가정탐방 기사에 이르러서는 뜨거운 눈물이 왈칵 쏟아졌다. 게다가 원식이 국립문서보관소를 샅샅이 뒤져 김한 선생의 1심, 2심 판결문과 일본 경찰 수사기록을 찾아왔을 때의 감동이란 이루 말로 다할 수 없는 것이었다.

아들들은 이 자료들을 책으로 묶어 내고 이를 근거로 국가보훈처에 독립유공자 신청을 했다.

2005년 8월 15일, 광복절 60주년 기념식에서 나는 아버지를 대신해서 훈장을 받았다. 손자들의 노력으로 어둠 속에 묻혀 있던 아버지의 기록들이 세상에 나오고 마침내 이런 결실을 보게 된 것이다.

사랑하고 존경하는 아버지.

꿈에라도 보고 싶은 아버지.

비운의 삶을 살다 뜻을 펴지도 못하고 이국땅 어디선가 세상을 등지신 아버지…….

생각할수록 가슴이 저려 왔다.

아버지 김한 선생을 대신하여 대한민국의 대통령에게 그 공훈을 인정받는 자리에 나가는 마음은 엄숙하다 못해 숙연했다.

광화문 광복절 행사장에서 영식·원식 부부와 함께.

이미 나이 90이 다 되어 거동하기 힘든 몸을 부지런히 재촉해서 새벽같이 미장원에 다녀왔다. 가장 좋아하는 한복인 옥빛 한복, 이제 입을 일이 없을 것 같아 장롱 깊숙이 넣어 잘 보관해 두었던 그 한복을 꺼내 잘 다려 두었다. 정성을 다해 곱게 화장도 했다.

그날 아침 일찍 옆집에 살고 있는 큰아들 영식 부부와 그 아이들, 분당에 살고 있는 작은딸 난혜가 왔다. 먼 길을 걸을 수 없어 휠체어를 타야 했는데, 행사장까지 휠체어를 밀어 줄 사람이 필요해서 국회의원을 하고 있던 막내아들 원식에게 그 일을 맡겼다.

원식이 밀어 주는 휠체어를 타고 앉아 짐짓 점잔을 빼고 있었지만 속으로는 날아갈 것 같았다. 대통령 앞에 서는 일이니, 게다가 독립유공자의 딸로서 연단에 서는 날이니 오늘만큼은 품위 있고 멋있게 보이고 싶었다.

고개를 돌려 원식에게 물어본다.

"엄마 예쁘냐?"

아들이 대답한다.

"응, 우리 엄마 최고로 예뻐!"

드디어 단상 앞에 섰다.

단상에서 독립유공자로서는 가장 높은 등급인 독립장에 추서된 김철수 선생, 김단야 선생, 정헌태 선생, 최윤구 선생, 한위건 선생, 김산 선생 등의 후손들과 나란히 섰다.

훈장 수여식이 시작되고, 노무현 대통령이 휠체어 앞으로 다가왔다.

"어? 우 의원이 있네!"

"네! 제 어머닙니다. 김한 선생의 따님이시죠."

"아아, 그래요? 어머니 곱기도 하시네!"

노무현 대통령은 해방 60년 만에 독립유공자로 인정받은 김한 선생의 딸, 90살이나 된 나를 사랑이 가득한 눈으로 보시다 따뜻하게 손을 잡아 주었다.

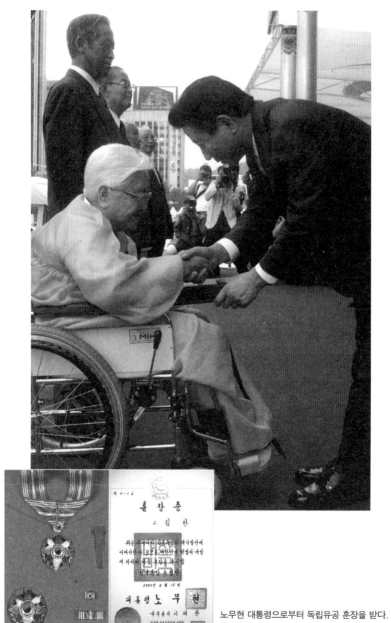

노무현 대통령으로부터 독립유공 훈장을 받다.
(2005.8.15)

"축하합니다!"

그때 내 눈에서는 굵은 눈물이 흘러내렸다.

아버지, 아버지…….

독립투사의 딸, 나의 어머니 김례정 여사께

- 2005년 8 ·15 독립유공자 추서 하루 전에 막내 우원식이 드린 글

사랑하는 나의 어머니, 김례정 여사!

내일이면 어머니는 광화문에 준비된 광복 60주년 기념 행사장에 나가십니다. 89세의 노구를 이끌고, 그렇지만 사춘기 소녀 시절 사랑하는 이를 만나러 나가던 그 발걸음보다 더 가볍고 더 큰 설렘으로 광화문으로 나가십니다.

오랜 시절 가슴에 묻어 두기만 했던 당신의 아버지 김한 선생이 독립유공자로 결정되었다는 보훈청의 연락은 어머니의 가슴을 활짝 연낭보였습니다. 더군다나 건국훈장 독립장이라는 매우 명예로운 훈장이라는 연락이었습니다.

환한 웃음 띤 얼굴로 '이제 한이 풀렸어!'라고 말씀하시던 어머니의 모습을 결코 잊을 수가 없을 것입니다.

대한제국 탁지부 주사로 공직에 근무하시던 당신의 아버지 김한 선생을, 나라를 일본에 빼앗기면서 거의 집에서 뵐 수가 없었다지요.

상해로 가 임시정부의 일도 하시고 다시 의열단원으로 국내에 들어와 활동하시다가 김상옥 의열단 사건으로 5년간이나 감옥 생활을 하

셨다지요.

나중에 또 신간회 사건으로 수배가 되어 연해주로 피신하고 난 뒷자리는 어머니 표현으로 '양복쟁이'(고등계 형사)들의 감시로 고통스러운 나날을 보내셨다지요.

김한 선생의 독립운동으로 넉넉하던 가세가 기울어지면서, 당신의 어머니 배명원 여사께서는 룡산고무공장에 나가고 당신은 소학교 선생님들의 도움으로 무료로 학교에 다녔다는 사실을 당시 동아일보 기사를 통해 알았습니다.

36년인가에 돌아가신 걸로 기록되어 있는데, 러시아의 어디에선가 이름도 없이 빛도 없이 조국해방의 염원을 안고 부릅뜬 눈으로 돌아가셨을 아버지 김한 선생의 비보를 10년이 넘은 해방 이후에나 들으셨다지요. 저 어렸을 적 집에 함께 사시던 맹꽁이 할아버지, 우관 할아버지로부터 비보를 들으셨다지요.

얼마나 얼마나 가슴이 무너져 내리셨어요. 지금 제가 생각해 봐도 제 목이 꽉 메고 눈가가 뜨거워지는 것은 너무나 소중한 분이 억장이 무너질 정도로 억울하게 죽어 갔기 때문이죠.

그리고 우관 할아버지! 너무 죄송해서 무어라 말할 수 없습니다.

어머니를 찾아온 우관 할아버지는 몰골이 말이 아니었습니다. 당신의 아버지 김한 선생의 동지인 우관 할아버지는 혈혈단신이었죠. 약간의 망령기도 있어 동지의 딸인 어머니에게 몸을 의지하기 위해 우리집을 찾으셨지요. 몇 년을 함께 살았지만 이불에다 소변도 보시고 코를 아무 데나 푸는 문제로(그래서 맹꽁이 할아버지라는 별칭이 붙기도 했죠) 해서 우리들과 같이 살기에 난감해졌고 결국 우관 할아버지는 집을 나가셨지요.

나중에 서울역 대합실에서 돌아가셨다는 소식을 들었습니다.

우관 할아버지!

저의 외조부인 김한 선생의 기록을 찾아가는 과정에 우관 할아버지를 알게 되었고 우리가 얼마나 잘못된 일을 했는지도 깨닫게 되었습니다. 편하게 잘 모시지 못해 정말 죄송합니다.

고대하고 고대하던 조국 해방이 되었지만 김한 선생은 어머니의 가슴 밖으로 차마 나올 수 없었습니다. 많은 독립운동가와 그 후손들이 그랬듯이 해방 후에도 그 행적이 잘 알려지지 않았으며 사회적으로도 그 노고를 보상받지 못했습니다. 하루하루 생활해 나가기에도 벅찬 그 시절을 거치면서 어머니는 차츰 당신의 아버지를 찾지 못하고 말았습니다.

10년 전부터 저와 천식 형이 할아버지의 기록을 찾아나서자 '고맙다'고 몇 번씩 말씀하시던 당신의 모습은 잊혀지질 않습니다.

그 과정에서 국립도서관에서 20년대 동아일보의 마이크로필름을 뒤져 찾은 한쪽의 기사는 저에게 큰 충격을 주었습니다. 김상옥 의열단 사건 공판과정을 보도한 기사 중 김한 선생의 최후진술이 요약되어 있는 기사였습니다. '조선 사람이 독립을 원하는 것은 자연스러운 이치라! 일본이 이러한 이치만 이해한다면 나에게 징역을 5년 주어도 10년을 주어도 달게 받겠다'며 한 시간이 넘게 판·검사를 꾸짖는 진술을 했다는 기사였습니다.

저는 이 기사를 몇 번이고 다시 읽으면서 김한 선생을 마음속의 사표로 정했습니다. 아무리 어려운 일이 있더라도 이렇게 당당하게 살아야겠다고 다짐을 했습니다.

가고 싶었던 이화여전을 포기하고 돈을 벌 수 있는 서울여상을 가야 했던 어머니!

집으로 돌아오는 골목 어귀에 항상 째려보고 있던 양복쟁이들 때문에 주눅 든 청소년기를 보내야만 했던 어머니!

분단과 냉전 갈등의 60년간, 어두침침한 창고의 먼지 속에 묻혀 있었던 아버지에 대한 연민과 안타까움 속에서 살아오신 어머니!

이제 됐습니다.

이제 밝은 세상 속으로 그 사연들이 나올 수 있게 되었습니다.

이 글을 쓰고 있는 이 순간 서울 상암에서는 광복 60주년을 기념하는 남북 축구시합이 열리고 있습니다. 오늘 북한의 광복절 대표단은 6·25 민족 비극의 현장인 현충원을 방문했다는 반가운 소식이 들렸습니다. 남과 북이 화해의 길을 점점 넓게 그리고 단단하고 확고하게 만들어 가고 있습니다.

이렇게 가다가 북한에 남아 있는 정혜, 덕혜 두 누님들도 만날 수 있을 날이 올 것입니다.

어머니!

내일 광화문으로 향하는 어머니의 한걸음, 한걸음은 89년간 어머니의 가슴속에만 있던 김한 선생의 사연이 세상으로 드러나는 한걸음, 한걸음이 될 것입니다.

어머니!

너무나 고생하셨습니다.

감사합니다. 그리고 축하드립니다.

2005. 8. 14.

어머니의 아들 우원식 드림

이야기를 마치면서

어머니의 일생을 어머니의 관점으로 쓴다는 것은 참으로 어려운 일이었다.

어머니가 구술하는 내용을 그 마음까지 고스란히 담아 잘 기록하고 싶었는데 구석구석 살펴보면 제대로 표현하지 못한 거 같아 죄송스럽다. 또한 95년 굽이굽이 사연 많은 어머니의 역사 가운데 빠진 부분도 많다. 이런 모든 부분에서 어머니의 양해를 구하고 싶다.

어머니는 일제 강점기, 6·25와 분단, 그리고 냉전의 시기, 독재정권과 민주화운동의 시기라는 굴곡 심한 우리 역사의 흐름이 바뀔 때마다 빠짐없이 큰 고통을 당해 왔다. 사랑하는 아버지의 투옥과 실종, 6·25전쟁기 남편을 비롯한 가족의 고통, 분단 고착화에 따른 사랑하는 아이들과의 참혹한 이별, 독재정권의 아들에 대한 탄압과 투옥 등등이 그것이다.

역사의 수레바퀴 속에서 어머니는 철저한 피해자였다.

그러나 어머니는 나약하지 않았다. 자신에게 닥쳐온 숱한 고난을 그때마다 극복하기 위해 힘을 다했다. 아버지 없는 집안을 일으키기 위해 어린 나이로 학교를 옮기고 취업에 나섰으며, 결혼해서는 노점상, 술장사, 양키 물건 장사, 달러 장사 등 안 해 본 일이 없을 정도였고, 나중에는 극장 매점계의 거두가 되기도 한다. 한편으로는 아들을 감옥에서 구해 내기 위해 민주화 투사가 되기도 한다.

그렇게 질긴 생명력으로 지금 95세에 이르기까지 그 많은 고난을 넘어왔다.

독립유공자의 딸도 되었고, 국회의원의 어머니도 되었으며, 이산가족 상봉장에서 최고령 할머니로 북한의 늙은 딸을 만나는 장면은 전국의 많은 시청자들의 뜨거운 눈물을 자아내게 하기도 했다.

그 어머니의 95년 여정은 어떤 장벽도, 굴곡도, 오염도 다 껴안고 묵묵히 흐르며 우리를 바라보고 있는 큰 강의 모습 그대로라는 생각을 해 본다.

요즘 어머니는 일산에 살고 계신다.

아버지가 돌아가신 1987년부터 24년째, 바로 위의 형인 천식 형이 모시고 사는데 형과 형수님에게 늘 고마움을 느낀다.

이제는 치아도 거의 빠지셨고 식사 때 쓰는 틀니가 잘 맞지 않아 때때로 치과에 가시는데 영 여의치가 않으신 것 같다. 그래도 하루 세 끼 아주 규칙적으로 일정량의 식사를 하며 체력을 잘 유지하신다.

안방과 거실에는 지난번 정혜 누님과 이산가족 상봉 때 찍은 사진 3

매를 액자에 꽂아 놓고 시간만 나면 바라다보신다. 신청인 한 사람만 나올 수 있다는 어이없으리만큼 지나치게 폐쇄적인 이산가족 상봉 규정 때문에 이번에 만나지 못한 둘째 딸 덕혜의 사진을 보며, 돌아가시기 전에 꼭 만나 봐야겠다고 다짐하시기도 한다.

그날까지 건강한 몸으로 기다리기 위해 규칙적인 식사는 물론이거니와 식사 후 운동까지고 거르지 않고 꼬박꼬박 하신다. 지팡이를 짚고 거실을 20바퀴씩 도시는데 '하나 둘, 하나 둘' 구호를 외치며 힘껏 팔을 저으신다.

어머니를 생각하면 왠지 강이 떠오른다.

강은 우리 역사의 모든 시름과 고통과 치욕을 모두 끌어안고 있는 강이기도 하고 역사의 고비고비마다 그 많은 고통을 모두 녹여 내고 이를 극복하고 넘어선, 흔들리지 않고 변하지 않는, 질기고 강인한 강이다. 그리고 결국은 그 모든 것을 바다에 풀어놓고 대해로 나아가는 희망의 강이기도 하다. 그래서 강은 우리 민족의 젖줄이고 우리의 역사가 되고 있는 것이다.

95년 동안 강처럼 굽이굽이 흘러온, 그러나 가없는 슬픔과 아픔을 안고 온 어머니. 마음속 그 깊은 상처는 얼마나 치유되었을까?

머리맡에 아버지 김한 선생의 건국훈장과 훈장증을 모셔 놓고 바라보는 어머니. 무엇이 어머니에게 위로가 되고 보답이 될까?

잘 모를 일이다. 그러나 그 모진 세월 속에서 어머니는 강인한 생명력으로 때마다 잘 극복해 왔다는 점은 분명하다. 우리 역사 속의 그 많은 이름 없는 어머니들처럼 말이다.

　어머니의 이야기를 마치면서 어머니의 마음속 깊이 아직 남아 있을 몇 가지가 결국 우리 민족이 기필코 풀어야 할 과제라고 생각하게 된다.

　먼저 어머니의 가장 큰 가슴속 응어리일 정혜 누님과 덕혜 누님의 일을 떠올리지 않을 수 없다. 60년간 헤어졌던 딸을 꿈같이 만나기는 했지만 그 후의 소식은 다시 전혀 알 수가 없다. 이 얼마나 잔인한 처사인가! 더욱이 살아 있는 것을 뻔히 알고 있는 또 다른 딸을 만날 기회조차 없다는 것은 도저히 있을 수 없는 일이다.

　이산가족의 문제를 빠른 시일 안에 근본적으로 해결해야 한다. 이제 분단 60년, 가족 상봉이라는 소박한 소망을 이루고 싶어 실낱 같은 마지막 생명줄을 놓지 못하는 고령의 이산가족에게 도대체 이 분단은 무엇이란 말인가? 인도적인 차원에서라도 더 이상 미룰 일이 아니다.

　또한 늘 어머니의 가슴을 아리게 했던 원정 이모님이나, 돌보는 이 없이 비참한 최후를 맞이해야 했던 원우관 선생처럼, 목숨을 다 바쳐 나라를 위해 싸웠으면서도 그 보답을 받기는커녕 이름도 없이 빛도 없이 스러져 간 수많은 독립투사들과 그 후손들에 대한 처우문제에 대한 해법을 찾아야 한다.

　너무나 가슴 아픈 역사가 우리 주변엔 많다. 이런 과제를 가슴 깊이 새기며 살아야겠다는 생각을 이 글을 마무리하며 다시 새겨 본다.

김례정 여사 연보

1917. 9. 16	서울 마포에서 김한 선생과 배명원 여사의 3녀로 태어나다.
1923. 1	김상옥 의사의 종로경찰서 폭탄투척사건으로 아버지 김한 선생 투옥되다.
1923. 9	동경 천황궁 폭탄투척사건의 박렬 선생과 대질을 위해 김한 선생 동경 감옥으로 이감
1930. 3	이화중학 입학
1931. 3	서울여상 입학
1936. 5. 2	우제화와 결혼하다.
1938	첫아들 영식을 낳다.
1940	첫딸 정혜를 낳다.
1942	덕혜를 낳다
1944	관혜를 낳다.
1945. 8. 15	해방이 되다.
1946	승혜를 낳다.
1948	원우관 선생으로부터 김한 선생의 사망 소식을 듣다.
1949	인식을 낳다.
1950. 6. 25	6 · 25전쟁 발발
1950. 6	영식, 정혜, 덕혜를 황해도 연백으로 보내다.
1951. 1	노점에서 음식과 술장사를 시작하다 양키 물건 장사도 하며 6 · 25 전란 중에 가정의 생계를 꾸리다.
1951. 3	1 · 4 후퇴로 고향에서 내려온 영식을 만나다.
1952	난혜를 낳다.
1953. 2	남편이 먼저 가 있는 부산으로 가다.
1953. 7. 27	휴전협정. 남북 분단으로 정혜, 덕혜와 헤어지다.
1953. 10	부산에서 상경
	교통사고로 승혜를 잃다.

1954	1954년부터 남편 우제화 인천제빙, 금강채석장, 대광기업, 협동생명보험회사 등을 하다.
1954	천식을 낳다.
1957	막내 원식을 낳다.
1957	남편의 인천제빙 쓰러지다.
1958. 9. 18	동양극장의 매점을 인수하다. 다시 생활전선에 서다.
	차츰 차츰 극장가의 매점을 인수하다. 노벨극장, 신도극장, 화신극장의 매점을 운영하다.
1968	남편 우제화의 '남산 반쪽'의 성공 : 청운동 땅 주택지 개발 성공. 생활의 안정을 찾다.
1970	남편 경기판지주식회사를 설립하다.
1977. 4	원식이 백지 유인물 사건으로 연행, 정학을 받다.
1977. 10	원식이 친구인 김거성, 노영민, 강성구 등이 시위를 주도하고 구속되다.
	회갑잔치에 원식이를 잡으려 경찰이 들이닥치다.
1978. 2. 25	원식이 군에 입대하다.
1979. 10. 26	박정희 대통령이 김재규의 손에 쓰러지다.
1979. 12. 12	전두환 쿠데타 집권에 성공
1980. 5	광주민주항쟁
1981. 5. 6	원식이 전두환 반대 학내 시위 사건으로 구속되다.
1981. 11	원식이 2심 재판에서 3년형을 선고 받다.(1심에선 1년형)
1986. 5. 24	금혼식을 하다. 청운동 집에서 자식과 손주들의 축복이 있었다.
1987. 1. 2	남편이 세상을 떠나다.
2004. 4	원식이 국회의원에 당선되다.
2005. 8. 15	독립유공자의 딸이 되다.
	세종로 광복절 행사장에서 노무현 대통령으로부터 건국훈장 독립장을 수여 받다.
2010. 10	금강산 이산가족 상봉장에서 큰딸 정혜를 만나다.

김한 선생의 주요 경력 및 활동사항

1887년 11월 16일 김동헌(金東憲)의 아들로 서울 마포구 마포동 296에서 출생

1904년 대한제국 탁지부주사, 세무지사, 통신원주사를 지냄

1905년 일본으로 가서 동경 호세이대학(法政大學) 정치경제학과 입학 및
졸업. 변호사 자격 획득함

1912년 만주로 망명하여 상해, 천진, 봉천 등지에서 대한독립단원으로 반
일운동에 참가함

1919년 상해 대한민국 임시정부에 참여, 사법부장. 법무국 비서국장이 됨

　　7월 임시정부 산하 사료편찬위 위원 역임

1920년 2월 조선청년연합회 발기 및 집행위원이 됨

　　6월 조선청년연합회 기성회사교부원이 됨

1921년 1월 서울청년회 결성에 참여함

1922년 1월 무산자동지회 결성에 참여하여 상무위원이 됨

　　2월 조선일보에 '故 김윤식 사회장 반대에 즈음하여 이 글을 일반민
중에게 보낸다'라는 제목의 글 기고

　　12월 경성양화 직공 파업 지원

1923년 1월 김상옥 관련 의열단 사건 국내책으로 검거되어 1심에서 징역 7년,
2심에서 징역 5년 선고 받음

1927년 4월 동경 감옥(박렬의 일본왕 암살사건 관련으로 이감)에서 만기출소

1930년 신간회 복대표위원회 중앙집행위원으로 선출됨

1931년 6월 신간회 사건으로 일제의 검거 선풍을 피해 국외로 나갔으나, 연해
주에서 사망했다고 전해짐.(서울청년회 및 무산자동맹회 간부를
역임한 동지이자 친우인 원우관(元友觀)의 증언)

김한 선생 1, 2심 판결문 요지 및 사본

(자료 출처 : 국립문서보관소)

의열단사건 1심 판결문 (大正 12年 刑公 第152號, 자료8)

支邢(中國) 吉林省 권전縣

현주소 : 경기도 경성부 관수동 47번지

직업 : 저술업

金 翰(37세)

• 김한 외 4인들은 大正 8년 制令 第 7號 違反 "强盜 豫備" 被告事件으로 조선총독부 검사 大原에 의한 심리판결임.

主 文

피고 김한 징역 7년

피고 안홍한 징역 1년

피고 정설교 징역 1년6월

피고 윤익중 징역 3년

피고 서병오 징역 2년에 처함.

理 由

피고 金 翰은 대정 8년 12월경 중국 上海臨時政府의 庶務局長이었고, 또한 현재는 京城無産者同盟會의 위원으로 정치변혁을 기도하고 있는 자로서 大正11년 6월 중순경 上海에 있는 金元鳳이 조선독립자금을 조달하기 위하여 朝鮮內에서 爆彈을 사용하여 인심을 혼란에 빠뜨려 金員을 강탈할 것을 기도하고, 폭탄의 密送을 위하여 조선 내에 특파된 李應明과 南寧得이 피고 김한을 내방하자 같은 달 위 피고 김한이 경성부내에서 남영득과 회합하여 폭탄수송의 결의를 하였음.

피고가 남영득에게 폭탄의 수송 및 그 외 조선독립운동비조로 금6천원이 필요하다고 요청하자, 남영득이 김원봉에게 이 사실을 전하고, 그 요청에 따라 김원봉이 금2천원을 남영득에게 주어 김한에게 전달하러 조선에 재차 들어감.

피고 김한은 금년 7월 하순 경성부 내에서 남영득으로부터 위 금2천원을 수령한 후 바로 그 중 3백원을 남영득에게 교부하여 폭탄밀송의 중계소를 선정토록 하기 위하여 남영득을 중국 안동현에 남게 하고, 경성부 인사동 7번지에서 숙박업을 하는 이수영을 통신소로 정하여 수시로 통신연락을 취하였고, 그 후 금년 9월 하순 김원봉이 특파한 박선으로부터 폭탄이 중국 안동현까지 도착되었기 때문에 1주일 후에는 경성에 도착할 것이라는 보고를 받았으나, 그 후 아무런 소식이 없자 피고 김한이 위 폭탄의 소재에 대하여 김원봉에게 물어보고 그 소식을 기다리던 중인 금년 12월1일 김원봉으로부터 조선 내에 잠입하기 전 모든 계획을 실행할 것을 명령받은 김상옥이 경성에 들어와 폭탄을 수취하기 위해 금월중 피고 김한을 방문하여 회합할 기회를 갖으려고 하였고, 대정 12년 1월 초순에 이르러 경성부 관수동 "무산자

동맹회 사무소"에서 피고 김한이 김상옥과 면회하고 위 폭탄사건을 결행하려고 하였으나 폭탄이 아직 피고 김한의 손에 들어오지 않아 그 실행에 이르지 못하고 사건이 발각됨.

의열단사건 2심 판결문(大正 12 刑控 第409號, 자료 9)

注 文

피고 김한을 징역5년에 처함.

理 由

제1피고 김한은 대정 11년 8월경 중국지역에서 조선정치변혁 및 조선의 안녕질서를 방해할 목적으로 최용덕, 양△호 외 다수가 공동으로 조직한 의열단의 단장 김원봉과 그 단원 남영득 및 그 외 단원 등이 경성지방에서 동 단체의 위 조직취지 · 목적에 따라 조선의 치안을 방해할 목적으로 경성부에 밀송하여 사용할 폭탄을 피고 김한의 집에 보관하여 줄 것을 의뢰받고 그와 사정을 알면서 그것을 승낙하고, 김원봉이 보낸 금2천원중 3백원을 남영득에게 전해주어 동인에게 동년 8월경 폭탄밀송의 중계소 선정을 위하여 중국 안동현에 보내어 김원봉 등과 통신연락을 시도하기 위하여 경성부 인사동 7번지 이수영을 통신소로 선정하는 등 김원봉과 함께 위 목적에 따라 조선의 치안을 방해하는 행위를 하려다 봉쇄당함.

〈의열단 사건-김한 선생의 1심 판결문〉

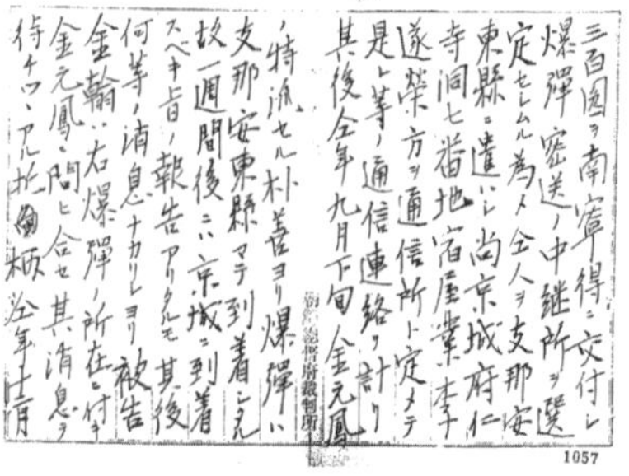

※ 세로쓰기이므로 오른쪽→왼쪽 순으로 배치한 것임. 일부 발췌.

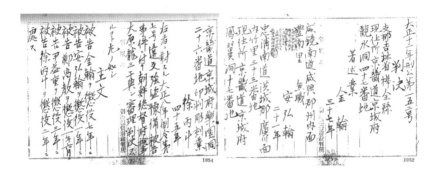

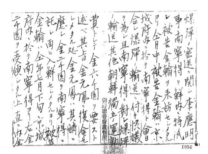
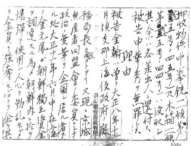

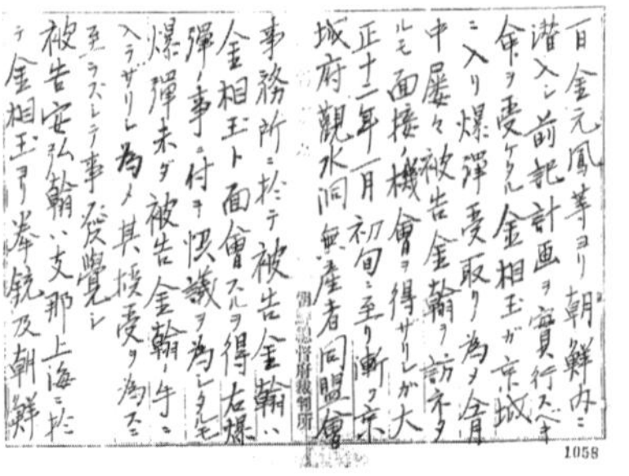

⟨의열단 사건-김한 선생의 2심 판결문⟩

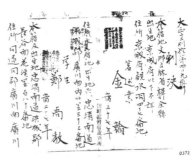

〈자료 3〉

할아버지 김한 선생님께

― 대한민국임시정부기념사업회 '백년 편지'에 보낸 글

대한민국임시정부기념사업회로부터 할아버지께 보내는 백년 편지를 부탁받고 하늘에 계실 존경하는 할아버지와 처음으로 만나 뵙게 된다는 설레는 심정으로 펜을 듭니다.

저는 자료와 책으로, 할아버지께서 활동하시던 90년 전의 신문 기사로 이미 너무나 잘 알게 되었지만, 할아버지께서는 저를 전혀 알지 못할 것 같아 제 소개부터 올리겠습니다.

할아버지, 저는 할아버지의 셋째 딸인 례정의 막내아들 우원식입니다.

저는 박정희 유신독재 시절인 76년에 연세대학교에 입학을 하면서 반독재민주화 운동을 하기 시작했습니다. 군복무를 마친 후 광주민주항쟁을 무력으로 짓밟고 권력을 장악한 전두환 정권에 맞서 시위를 주도하다가 3년간 감옥생활을 했지요.

나중에는 정치에 뛰어들어 지난 17대 총선에서 국회의원으로 당선되었으나 18대 총선에서는 낙선했습니다.

할아버지는 제 인생의 사표입니다.

제가 할아버지의 존재를 알게 된 것은 대학 시절 감옥에 있었을 때입니다. 할아버지의 큰따님인 원정 이모님이 저의 투옥 소식을 듣고 달려와 "잘했다! 수고했다!"라는 격려와 함께 비로소 처음으로 할아버지에 관한 말씀을 해 주셨습니다.

'나의 외할아버지가 독립운동가였다니, 내가 독립운동가의 후손이라니……'

정말 가슴 벅찬 사실이었습니다.

그 후 저는 감옥에서 독립운동 관련 문헌을 뒤지면서 할아버지께서 당시의 독립운동에서 매우 폭넓고 핵심적인 위치에 계셨다는 걸 알게 되었습니다.

저는 출감 후에도 할아버지가 남긴 자취를 찾는 일을 계속했습니다. 당시 많은 독립운동가들이 그러했듯이 사회주의적 색채가 있었던 할아버지였기에 할아버지의 딸이자 저의 어머니인 김례정 여사는 '조심해서 하라'면서도 한편으로는 '정말 고맙다'는 말씀을 몇 번씩 되풀이하셨습니다.

그러던 중 드디어 1923년 5월 19일자 동아일보에 실린 할아버지 기사를 발견하고 그 내용에 너무나 감동하여 뜨거운 눈물을 흘리고 말았습니다. 김상옥 의사 종로경찰서 폭파사건에 연루되어 투옥된 후 1심 재판에서 할아버지께서 최후 진술하신 것을 요약하여 보도한 기사였습니다.

"조선 사람은 제령(制令)을 위반하지 아니하면 자살하지 아니할 수 없는 운명을 가졌다."라는 말로 시작하는 최후 진술을 통해 당당하고 소신 있게 독립운동의 당위성을 주장하신 할아버지의 존재는 저에게 큰 충격이었고 얼마나 자랑스러웠는지 말로 다할 수 없었습니다. 저 역시 3년의 감옥 생활을 하고 나온 직후라 장래의 불확실한 인생에 대해 많은 고민이 있었는데, 할아버지의 최후진술은 더 없는 인생의 지표가 되었습니다. 그렇게 할아버지는 큰 선생님으로 저의 마음에 가득 들어와 버리고 말았습니다.

그 일로 할아버지는 당초 5년의 검사 구형임에도 정작 재판에서는 2년을 더하여 7년의 실형을 받으셨죠. 참으로 유례가 없는 재판이었기에 당시 할아버지의 담당 변호사였던 허헌 선생이 '너무나도 가혹한 판결'이라고 말한 것이 보도되기도 했습니다.

그런데 참 묘하게도 저 역시 전두환 반대 시위 사건으로 투옥되어 1심 재판에서는 1년을 받았는데 2심 재판에서 '최후 진술 때 반성의 빛이 없다' 하여 3년을 받았답니다.

이것은 우연만은 아닌 것 같습니다. '할아버지와 저 사이에 어떤 운명 같은 것이 있나 보다' 하는 생각을 하게 됩니다. 할아버지의 인생과 생각이 다 녹아 있는 최후 진술은 90년이 지난 이 시대를 살고 있는 외손자의 삶의 항해를 지켜 주는 푯대로 자리하고 있습니다.

　할아버지! 참으로 자랑스럽습니다.
　할아버지! 그렇게 당당하게 아직도 우리 마음속에 계셔서 너무나
고맙습니다.

　다음 달에는 일제 강점기에 치열한 투쟁 끝에 스러지신 독립운동가
의 딸로서, 6·25전쟁 과정에서 두 딸을 북에 남길 수밖에 없었고, 다
시 독재 정권에서는 아들을 감옥에 보내야 했던 어미로서, 그 고비고
비의 고난과 아픔을 책으로 엮어 저의 어머니이자 할아버지의 셋째
딸, 김례정 여사에게 바치려 합니다. 올해 95세인 당신의 딸을 주인공
으로 해서 출판기념회를 열려고 합니다. 이러한 모습을 하늘에 계신
할아버지께서 흐뭇하게 지켜봐 주실 것을 믿어 의심치 않습니다.

　할아버지!!
　너무나 사랑합니다!!
　저의 할아버지가 되어 주셔서 너무나 감사합니다.

2011년 9월 19일
외손자 우원식 드림